«En su debut como autor, Mitchel Lee expresa lo que se siente cuando ponemos la fe en Cristo en medio de las pruebas. Para los que siguen a Jesús, *Aun si...* no es una simple pegatina para exhibir en el parachoques, sino un compromiso audaz para vivir. Es un excelente libro para leer y un mantra para la vida».

KYLE IDLEMAN, pastor principal de la *Southeast Christian Church* y autor de *No soy fan* y *Don't Give Up*

«En el remolino de la vida diaria, donde enfrentamos retrasos, cambios imprevistos y hasta dolor inmenso, a menudo sin esperarlos, podemos con facilidad confundir lo que entendemos de Dios y de nosotros mismos. Este libro nos recuerda que la constancia del amor de Dios por nosotros y su poder son anclas valiosas en medio del caos».

JENNY YANG, vicepresidenta de política y defensa en World Relief

«El sufrimiento ha causado que más personas soliciten el divorcio de Dios que cualquier otra razón. Hoy en día, son muy raras las personas que no solo sufren, sino que también proclaman en medio de su sufrimiento que *aun si* no salen adelante, seguirán apoyándose y aferrándose a Dios. Gracias a este gran libro, de mi amigo Mitchel Lee, creo que veremos personas mas resilientes frente al sufrimiento».

BRYAN LORITTS, pastor docente en la *Summit Church* y autor de *The Dad Difference*

«Profética, pastoral y personal por naturaleza, *Aun si...* es una palabra para todos, ya sea en el valle, el fuego o el desierto de la vida espiritual. Lee invita al lector a buscar a Dios en las dificultades de manera singular y, lo que es más importante, decidir adorarle aunque no lo podamos encontrar. En resumen, este es un libro acerca de la fe verdadera, profunda y anclada, la fe que va más allá de la devoción privada y la experiencia personal, heredada de los antiguos seguidores de Dios que sufrieron a través de la Escritura y de los santos poderosos que fueron antes de nosotros».

AUBREY SAMPSON, plantadora de iglesias
y autora de *The Louder Song* y *Known*

«*Aun si...* combina la enseñanza de un experto maestro de la Biblia con la empatía y la sinceridad de un pastor amante. Es un libro refrescante y franco, con humor inesperado y útil en gran manera. No me cabe duda de que ayudará a miles de personas a abrirse camino por el dolor y las desilusiones de la vida con una fe más profunda y desafiante».

PETE GREIG, fundador de Oración 24-7 Internacional
y autor de *Cuando Dios guarda silencio*

«Ya sea que vayamos atravesando las llamas o el valle de sombra de muerte, Mitchel Lee nos ofrece esperanza y fortalece nuestra determinación de extender nuestra fe en Dios, sin importar las circunstancias. *Aun si...* es un libro que te inspirará a confiar en Dios, quien siempre se hace ver de una manera u otra».

Dr. DAVID ANDERSON,
autor del premiado libro *Gracism*

«Me puedo relacionar con este libro. Solo quienes no han vivido lo suficiente pueden extrañar la desesperada necesidad de la verdad contenida en estas páginas. Si te encuentras en medio de un valle, o conoces a alguien que lo está, deja que Mitchel Lee sea tu guía personal hacia el valor y la libertad».

RANDY FRAZEE, pastor y
autor de *His Mighty Strength*

«Un libro bien escrito lleno de sabiduría pastoral y consejos personales, que trata sobre la confrontación entre los tres amigos de Daniel y Nabucodonosor, rey de Babilonia. El autor continúa volviendo atrás hacia esta confrontación mientras da útiles aplicaciones a situaciones que enfrentamos y describe lo que significa vivir nuestra fe *aun si...*».

DAVE MCDOWELL, pastor y
autor de *The Goodness of Affliction*

«Mitchel Lee es sorprendentemente real, profundamente reflexivo y bíblicamente fundamentado. Sea lo que sea que venga y dondequiera que nos encontremos, nos señala con corazón de un pastor la esperanza que da vida y la poderosa presencia de Dios».

DR. STEVE A. BROWN, presidente de
Arrow Leadership y autor de *Jesus Centered*

AUN SI...

Mitchel Lee

AUN SI...

Confía en Dios
aunque la vida te decepcione,
abrume o no tenga sentido

Unilit
PUBLICAMOS PARA CAMBIAR VIDAS

Publicado por
Unilit
Medley, FL 33166

Primera edición: 2022

© 2021 por Mitchel H. Lee
Título del original en inglés:
Even If
Publicado por *Multnomah*, un sello de *Random House*, una división de *Penguin Random House LLC*
(*This translation published by arrangement with Multnomah, an imprint of Random House, a division
of Penguin Random House LLC*)

Traducción: *Concepción Ramos*
Edición: *producioneditorial.com*
Cubierta y maquetación: *producioneditorial.com*
Foto del autor: *Devin Gray*

Los detalles de algunas anécdotas e historias se modificaron, a fin de proteger la identidad de las
personas implicadas.

Producto: 495955

ISBN:0-7899-2611-3 / 978-0-7899-2611-1

Categoría: Inspiración / Motivación / Autoayuda
Category: Inspiration / Motivation / Self-Help

Impreso en Colombia
Printed in Colombia

A una generación de inmigrantes, cuya fe
aun si hizo posible la mía, en la que Edward y
Susie son los principales.

Contenido

Bienvenido al valle 1

PRIMERA PARTE
EN ALGÚN LUGAR MÁS ALLÁ DEL MAR

1. Fuera del fuego... ¿o hacia el fuego? 15
2. El bien en el lado profundo de la piscina 33
3. Más que una resolución de Año Nuevo 57

SEGUNDA PARTE
EL ENCUENTRO CON NUESTROS *CONTRA SI...*

4. Lo quiero a mi manera 81
5. Finge hasta que lo consigas 99
6. Controladores del mundo... únanse
   (de manera cautelosa y apropiada) 125

TERCERA PARTE
AUN SI... EN LA CALLE

7. Todo comienza aquí 149
8. Permiso para hablar con libertad 169
9. Los que se arriesgan, los temerarios y otra gente
   que me pone nervioso 183
10. Da un paso (pero no solo) 201

Oraciones *Aun si...* para ti 221

Reconocimientos 229

Notas 233

Acerca del Autor 241

Bienvenido
al valle

S E SUPONÍA que mi graduación del seminario sería épica, la culminación de tanta preparación y expectativa. Después de viajar incesantemente entre mi casa en Maryland y el seminario en Carolina del Norte todos los lunes y viernes (un viaje de cuatro horas y media que no les deseo ni a mis enemigos), por fin esperaba dar el paso hacia la próxima etapa de mi camino pastoral. Había trabajado sin descanso durante ese tiempo como líder de un ministerio de jóvenes en Maryland, mientras continuaba mis estudios teológicos, y ahora estaba listo para lanzarme de lleno al mundo.

Ese marzo, antes de la graduación, el pastor principal de mi iglesia me invitó a conversar en su despacho. Nunca habíamos conversado de esa manera, así que debí de haber sospechado que algo andaba mal.

—¿Estás emocionado por tu graduación? —me preguntó inquisitivamente.

—Por supuesto. Será bueno ser más accesible a los jóvenes que dirijo y a sus familias.

—Ya veo. He oído que estás interesado en seguir estudiando después que te gradúes. ¿Es cierto?

—Me gustaría, en un futuro. Hay que ver cómo salen las cosas.

Hubo un silencio incómodo.

—¡Vaya! Alguien me dijo que querías continuar los estudios y hemos contratado a un nuevo pastor de jóvenes. Comenzará en junio, así que después de la graduación serás libre para continuar tu camino.

Después del silencio vino un sentimiento devastador de traición y confusión, como un boxeador que recibe los puñetazos de gancho en el estómago. *¿Por qué no me preguntó acerca de este rumor? ¿Qué hice mal? ¿Cómo puede reemplazarme? ¿Y los jóvenes y sus familias? ¿Los viajes misioneros de verano? ¿Qué voy a hacer después de graduarme?*

Y así, la iglesia donde había servido durante mis tres años de seminario, peor aún, la iglesia donde había crecido, que había sido mi familia espiritual por más de veinte años, se deshizo de mí.

Esa no fue la última vez que mi corazón se quebrantó en 2002. Mientras estaba en el seminario había salido con una chica. Aunque a la larga ambos deseábamos casarnos, con el pasar del tiempo las cosas no anduvieron bien. El fin de semana después de mi devastadora conversación con el pastor, ella y yo también rompimos. Mientras almorzábamos, ella sacó a la luz algunos asuntos que estaban dañando nuestra relación. A esto le siguió el juego de la culpa, que yo había perfeccionado. Y como soy experto en transferir la responsabilidad y hacer que la otra persona se sienta mal, antes de que llegara el plato principal, la relación había terminado.

Pagué. Nos dijimos adiós y, sin darme cuenta, caminé hacia un desierto que duraría dos años.

Rechazado por mi novia y mi iglesia, caminé cojeando hacia mi graduación del seminario, apoyado solamente por mi familia íntima y mis compañeros de dormitorio. Imagínate lo difícil que fue soportar el discurso de graduación, con el tradicional llamado al triunfo: «¡Ustedes pueden cambiar el mundo!», que en el ámbito del seminario significa «¡*Dios* les está enviando a cambiar el mundo!».

¿A mí? Debí de haberme olvidado de pagar la cuota de membresía. Mientras que mis compañeros ya estaban asumiendo nuevos ministerios o saliendo al campo misionero, yo estaba sin empleo, sin iglesia y solo. Si Dios estaba enviando a nuestra clase, yo me sentía abandonado en la plataforma mientras el tren salía de la estación.

El resto del verano estuvo envuelto en la neblina de la culpa y del resentimiento. Visité varias iglesias, adorando en anonimato, y tomando algún que otro compromiso para hablar porque necesitaba el dinero. Estaba enojado con Dios, desilusionado por haber dejado que mi carrera pastoral se desintegrara antes de comenzar. Ese no había sido el plan.

Pasmado por la forma en que todo en mi vida se había desplomado tan súbitamente, no tenía ni la fuerza ni el deseo de conectarme con Dios de una manera que tuviera sentido. Aunque no abandoné mi fe en Él, lo mantuve a distancia, haciendo lo que creía que debía hacer.

Como necesitaba un sueldo, y a pesar de estar en un lugar de desesperación y una pobre salud emocional, acepté un puesto pastoral. Ignorando el orgullo y la justicia propia que habían contribuido a la salida de mi iglesia, decidí culpar a mis circunstancias y no mirar mi propio corazón. ¡Cuán poco sabía que el valle podía ahondarse aún más! Mi tiempo en esa iglesia duró exactamente un año, y terminó cuando volvieron a despedirme de repente. Fue devastador.

Cuando me despidieron, me encontré administrando la tienda de comida de mi madre, sirviendo desayunos y almuerzos de lunes a viernes. No quería tener nada que ver con el ministerio pastoral. No es que me hubiera dado por vencido con Dios ni con mi relación con Él. Me había dado por vencido de mi llamado a ser pastor. Era demasiado difícil y doloroso. Buscaría otra manera de servir a Dios. Al menos, eso fue lo que me dije.

En el fondo, pensé que mi orgullo me había descalificado. Había herido a demasiadas personas. Había cometido demasiados errores, y no podía pretender que el Señor me bendijera. Había desperdiciado mi oportunidad. Por un año viví en el valle profundo, tratando de servir fielmente a los clientes y ayudando a mis padres inmigrantes a hacer crecer el negocio familiar.

Sin aspiraciones y sin creer que merecía nada diferente, me tropecé con el autor puritano Richard Sibbes. Su librito *La caña cascada* es una meditación sobre Isaías 42:3: «No quebrará la caña cascada, ni apagará el pábilo que humeare». Mi corazón se atrevió a luchar con el pensamiento de la compasión de Dios por los que han sido cascados, desanimados y desilusionados, cuyas llamas malamente humean. ¿Será que Dios se compadece de alguien como yo? ¿Será que aún no ha terminado conmigo?

Sin embargo, ¿qué pasa con el valle de la desilusión donde me encontraba? Mis circunstancias no proclamaban bendición sobre mi vida, ni siquiera que contaba con el favor de Dios. Me sentía como si hubiera quebrado esta caña y apagado mi llamado.

Providencialmente, Dios me llevó a una historia de mi niñez en la escuela dominical. Cuando leí Daniel 3, me maravilló la confianza de tres jóvenes cuyos nombres eran un trabalenguas bíblico. Frente a su propia ejecución, confrontaron al gobernador más poderoso del mundo y le declararon su intención de mantenerse fieles a su Dios. «Si se nos arroja al horno en llamas, el Dios al que servimos puede librarnos del horno y de las manos de Su Majestad. *Pero, aun si* nuestro Dios no lo hace así, sepa usted que no honraremos a sus dioses ni adoraremos a su estatua» (versículos 17-18, NVI®, énfasis añadido).

Aun si... Esas palabras se grabaron en mi conciencia, invitándome a levantarme y continuar caminando con Dios, *aun si* estaba descalificado, *aun si* la gente me olvidaba. Mientras estudiaba el pasaje, me di cuenta de que estos tres hombres no fueron los únicos que hablaron así. La declaración *aun si* ha resonado en las vidas de incontables testigos bíblicos. No podía ignorarlo. Dios me estaba formando con cada recuento bíblico. Con el corazón temblando y una resolución formada en gracia, declaré: «*Aun si* jamás vuelvo a predicar o pastorear una iglesia, te adoraré, Señor. Tú has hecho suficiente. Tú eres digno. Mi vida te pertenece».

No sé con exactitud cuándo salí del valle. Ni siquiera sé si subí o si el suelo del valle de alguna forma se levantó. Lo que sí sé es que mi fe y mi caminar con Dios no han vuelto a ser iguales. Esta declaración continúa definiendo mi vida y mi ministerio. Como he experimentado muchos valles desde entonces, he aprendido maneras nuevas de decir *aun si* para declarar mi compromiso de adorar a un Dios que quizá no actúe como lo deseo, pero siempre lo hace para el bien.

Este libro trata acerca de cómo adorar a Dios en el valle. Es un libro para los que luchan, los que tratan de entender una vida que no ha ido como esperaban. Es un llamado a los realistas esperanzados, los que se mantienen aferrados a la fe, aunque sea por los hilos más débiles.

No tiene que ver con escapar del valle. Créeme, me hubiera gustado darte un manual de instrucciones para evitar el valle. Me hubiera gustado darte una fórmula mágica que haga que tu fe cobre vida, te explique toda desilusión y conecte todos los puntos. Todo lo que tengo para ti es lo que Dios me ha enseñado en mi caminar por muchos de mis propios valles y los de otros con quienes he andado.

No importa lo que te ha traído aquí, la desesperación o solo una curiosidad recelosa. Tenemos una experiencia común: las oscuras, frías y tenebrosas profundidades del valle, ese lugar de olvido y aislamiento. Para algunos solo dura un poco, pero para otros puede ser la idea fija que define sus vidas. A veces vivimos tanto tiempo en el valle que se convierte en la norma, haciendo que todo lo demás sea una cima celestial.

Quizá tú mismo estés en un valle ahora. Quieres darte por vencido. Te preguntas cuánto más puedes soportar o cuánto te queda por dar. La pérdida de un empleo, unos resultados médicos inesperados, el accidente que nunca anticipaste, el ministerio que se desboronó, la pérdida de un hijo, la traición de un amigo, la desilusión de los sueños que no se hicieron realidad, una pandemia; todo esto nos deja sin aire, como si estuviéramos rodeados sin esperanza de rescate. La vida en el valle.

Algunos quedan deshechos por completo en el valle. Sienten como un puñetazo en el estómago y nunca se recuperan. Sin aire y amargados, están resentidos no solo por sus propias circunstancias, sino por la felicidad que perciben en otros que están en rocas más altas. Responden protegiéndose con capas de estrategias de supervivencia. Dejan de arriesgarse. Juran ordenar sus vidas para controlar todos los detalles. Nadie ni nada los herirá de nuevo.

Sin embargo, mientras que unos se rinden, otros encuentran una vida renovada. El autor David Brooks los describe como «gente de la segunda montaña»[1]. Son los que echan al valle y experimentan un segundo nacimiento. El sufrimiento del valle los lleva a la sabiduría, y la sabiduría los lleva al servicio. El desierto los quebranta de una manera importante y los lleva a la madurez. Encuentran un nuevo nivel de decisión, una reserva grande de fuerza que no sabían que existía. Van más allá de su ego. La fe se convierte en una cuerda salvavidas. Su relación con Dios alcanza nuevas profundidades de intimidad. El desaliento, la frustración y confusión que le siguen se convierten en fertilizante (y todos sabemos de dónde viene el fertilizante) para una fe más profunda que adora a Dios sin importar lo que venga. El desierto se convierte en el lugar donde nace la devoción.

Jesús les dijo a sus discípulos: «Yo he venido para que tengan vida, y la tengan en abundancia» (Juan 10:10). Creo que esa es la verdad para la vida en el valle. Dios puede darte allí, vida en abundancia, cuando declaras *aun si...* por ti mismo. No importa quién te lanzó al valle, ese no es el final de tu historia. La resolución osada, desafiante y llena de fe de tres jóvenes en Daniel 3 puede liberarte para esperar y confiar en Él cualesquiera que sean las circunstancias. En otras palabras, los desalientos y los retrasos no tienen que definirnos. Pueden explicar nuestra personalidad, nuestras extravagancias y nuestros instintos, pero no nos definen a nosotros.

Hay que trabajar para experimentar la vida *aun si...* Quizá tengas que volver a andar por caminos que prefieres olvidar. Dios te puede pedir que vuelvas a visitar lugares dolorosos, recordar personas difíciles y hasta caminar por las costas rocosas que destruyeron el barco de tus sueños y expectativas. En algún momento te preguntarás si vale la pena. El miedo y el dolor pueden ser demasiado. Pido a Dios que te dé voluntad y valor para recordar quién es Él, a fin de adorarle en *todas* las circunstancias y para creer que no te ha olvidado. *Aun si...*

Esta declaración la exploraremos en varias fases. Primero veremos lo que es en realidad. Examinaremos la historia de Sadrac, Mesac y Abednego en Daniel 3 y veremos lo inconcebible que es en realidad su declaración *aun si...* Entonces, la desglosaremos en sus dos partes básicas.

Con los componentes básicos de la declaración *aun si* ante nosotros, descubriremos los *contra si* que amenazan con destruir nuestra devoción. Lo imprevisible de la vida tiende a convencernos sutilmente de que tenemos que arreglárnoslas por nosotros mismos. Desarrollamos mecanismos que acomodan la fe a la vez que la van distorsionando. Escribimos declaraciones falsas que nos mantienen atrapados sin poder avanzar en nuestro andar con Dios. Parte del trabajo de declarar tu propio *aun si* es reconocer los *contra si* que hemos adoptado y comenzar a entregárselos a Dios.

Finalmente, pensaremos acerca de cómo vivir la vida *aun si*, lo que significa para nuestros hábitos y actitudes diarias, así como los pasos *aun si* que debemos dar hoy. El objetivo final es vivir valientemente con convicción y fe en el poder y la bondad de un Dios que promete estar con nosotros sin importar a dónde nos lleva la vida. Y su promesa, amigo mío, puede marcar toda la diferencia.

PRIMERA PARTE

EN ALGÚN LUGAR
MÁS ALLÁ DEL MAR

EN MAYO DE 1940, la maquinaria de guerra alemana avanzaba por Francia tomando ciudad tras ciudad. Con cada victoria alemana, las fuerzas aliadas, compuestas por soldados británicos, franceses y belgas, cansadas y vencidas, retrocedían como una fila de hormigas hacia la ciudad de Dunkerque, en la costa noroeste de Francia. Más de trescientas mil tropas se agruparon en los cuarenta y tres kilómetros desde Dunkerque hasta la ciudad norteña de Ostende esperando ser evacuados o capturados. Los ciudadanos británicos observaban impotentes desde el otro lado del canal, y mientras las tropas aumentaban, la moral decaía.

Los líderes militares británicos pasaron noches sin dormir tratando de encontrar una forma de rescatar a sus soldados atrapados. La Operación Dinamo, como la llamaron, fue una operación desesperada que dependía del clima, las tácticas militares y la más pura suerte. Las expectativas eran bajas. Winston Churchill creyó que poder rescatar solo a quince mil sería un acto de intervención divina.

En una serie de ahora famosos mensajes radiales, el rey Jorge VI venció su tartamudez para hacer un llamado de determinación y fortaleza a su pueblo. Dice la leyenda que, como respuesta a uno de los mensajes del rey, el ejército británico mandó un mensaje de tres palabras a través del canal: «Y si no»[1]; una referencia a la historia de los tres jóvenes que desafiaron al rey de

Babilonia. La intención del mensaje fue que *aun si* no fueran rescatados, no se doblegarían ante Alemania.

Aquel mensaje de tres palabras devolvió el vigor al pueblo. Los ciudadanos respondieron y trataron de rescatar a cuantos soldados pudieran haciendo cuantos viajes fueran necesarios. Desde barcos de pesca comerciales hasta yates recreacionales, todo el que pudo llevar aunque fuera a unos cuantos soldados, se echó a las aguas infestadas de submarinos y minas de agua. Tal era la urgencia que algunos barcos salieron sin mapas ni cartas de navegación. El país entero se unió.

«El milagro de Dunkerque» fue precisamente eso[2]. Al final, más de 338 000 tropas fueron evacuadas en diez días. La Operación Dinamo aún se conoce como una de las más increíbles operaciones de la historia militar. Todo resumido en un simple mensaje: *Aun si...** Las palabras tienen poder. Pueden dar vida o muerte. Quizá recuerdes las palabras que alguien te dijo en el momento preciso, palabras que marcaron la diferencia entre continuar luchando o rendirte. A veces, solo unas palabras pueden alterar la trayectoria de una nación. (Piensa en: «Yo tengo un sueño...»)[3]. Una simple declaración salvó miles de vidas y, por tanto, a todo un continente. Las mismas palabras que prendieron la llama de resiliencia de una nación pueden revivir tu alma: *aun si*.

Para poder desatar el poder de este concepto debemos entenderlo. En esta primera parte veremos más detenidamente la historia bíblica. Luego, dividiremos la declaración *aun si* en dos partes: confiar en la bondad de Dios y decidir adorarle.

---

* Las palabras exactas del mensaje fueron «Y si no...». La versión de la Biblia NVI usa la frase «Aun si». Esta es la traducción que leía durante el tiempo que describí con anterioridad.

Fuera del fuego...
¿o hacia el fuego?

UNA VEZ, DE NIÑO, escuché: «Dios te ama y tiene un plan maravilloso para tu vida». Fue la oración que comenzó una invitación mayor para entregarle mi vida a Jesús e invitarlo a venir a mi corazón. Si lo hacía, la promesa continuaba: «Dios te perdonará y te guiará por caminos que no podrás imaginar». Si bien no me arrepiento de haber aceptado aquella invitación hace años, sí he comprendido que hice muchas presunciones acerca de a lo que me invitaba Dios; y todos sabemos lo que ocurre cuando presumimos.

Quizá esuviera entre líneas. Presumí que el fruto de entregarme al plan maravilloso de Dios sería una vida con menos dolor y confusión. Razoné que, como había confiado en Él, nunca me desilusionaría ni me sentiría inseguro. Después de todo, Dios siempre estaría conmigo. Era una simple fórmula: mi confianza + su plan = camino de rosas.

Yo confío, Él planea. Todo bien.

No importa que muevas la cabeza pensando: *¡Qué ingenuo!* La vida tiene su forma de sacar a la luz nuestra ingenuidad. Yo solo necesité que me acosaran, sentirme intensamente solo, observar las dementes peleas de mis padres y experimentar dificultades financieras para darme cuenta de que el plan de Dios no era un camino de rosas.

A medida que iba profundizando en mi relación con Dios, entendía que una vida sin problemas nunca es parte de la promesa. Es más, las Escrituras garantizan todo lo contrario.

Todos sufrimos dificultades: dolor físico y emocional, desilusiones y, a veces, solo confusión en general. Seguro que has tenido tus propias experiencias difíciles. Quizá estés atravesando una ahora mismo. La vida no ha resultado como querías. Estás desilusionado. Herido. Quizá atrapado mientras que todos a tu alrededor parecen seguir hacia adelante. Quizá ninguna de estas cosas, pero vivir en un mundo moldeado por la COVID-19 ha hecho que cuestiones cosas que, hasta ahora, pensabas que sabías con seguridad.

Sin embargo, aunque la temporada que estás atravesando, o has atravesado, te ha tomado por sorpresa, no tomó por sorpresa a Jesús. En su última conversación con los discípulos, antes de ser traicionado y crucificado, les dio una promesa: «Yo les he dicho estas cosas para que en mí hallen paz. En este mundo afrontarán aflicciones, pero ¡anímense! Yo he vencido al mundo» (Juan 16:33, NVI®). ¿Te diste cuenta de las dos partes de la promesa? Él garantizó las aflicciones igual que garantizó *su presencia*.

Los discípulos estaban a punto de enfrentarse a toda clase de oposición del mundo, y nosotros también. Ellos serían afligidos; nosotros también. Los llamó a ser fuertes en sus decisiones (es lo que significa «anímense»), porque Él ha vencido al mundo. El que había vencido al mundo estaría con ellos. Jesús los llamó a confiar en medio de los problemas.

Si eres como yo, te gusta creer en la seguridad de su presencia, pero no necesariamente en la seguridad de las aflicciones. ¿No podemos tener su presencia sin los problemas? Yo pienso: *Podría aprender a confiar sin el problema. Soy un aprendiz rápido. ¡Solo dame lo bueno y confiaré en ti! Te lo prometo.*

Mi poca disposición para aceptar la promesa de los problemas hace que me pregunte: *¿He dejado atrás verdaderamente mis presunciones infantiles de lo que significa confiar en Dios?* Siento decirlo, pero la fórmula todavía moldea sutilmente mi perspectiva. Las dificultades de la vida las sacan a la luz. Y con cada giro, cada vez que me sorprendo cuando la vida me golpea de nuevo en la cabeza, tengo la oportunidad de volver a darle un vistazo a lo que significa mi fe por vivir en un mundo quebrantado.

Supongo que la sorpresa es mejor que su alternativa: convertirme en un cínico amargado hasta el punto de sorprenderme si la vida me va bien. Me he encontrado gente así. El cascarrabias que se niega a recibir ayuda de nadie. El amigo que piensa que sus fracasos son culpa de todos menos suya. El jefe que cree que todo el mundo está pendiente de su trabajo y cuya inseguridad no le permite pedir disculpas. El familiar amargado que piensa que el mundo le debe algo.

El pesimismo y la falta de confianza tienen una forma de succionar la vida a cada momento. Al igual que la gente que usa esos audífonos de alta tecnología que cancelan el ruido de afuera, algunos escuchan solo un sonido en la vida. Siempre andan buscando otra cosa o esperando que les pase algo malo. La gratitud se ha extinguido porque sospechan que siempre hay algún otro interés o retribución kármica que se asegurará de que terminen pagando por cualquier momento de paz o gozo con que se topen.

Los cínicos no se convierten en cínicos de un día para otro. Han pasado por suficientes dificultades y desilusiones que poco a poco les han endurecido el corazón. Una vez tuvieron esperanza. Luego de haber sido derribados a la lona demasiadas veces, su mejor defensa fue abandonar la expectativa de que la vida mejoraría. Solo abandonaron toda esperanza. Dejaron de intentarlo. Escogieron la amargura, pues al menos era más previsible que las expectativas.

¿ES ESO TODO LO QUE HAY?

¿Son estas las únicas opciones? ¿Caer constantemente por las frustraciones de la vida o convertirnos en cínicos, sin esperar nada a cambio excepto el desconsuelo? Creo que Dios te ofrece más, una tercera opción: confiar en Él cuando la vida se hace difícil. La relación a la que te invita no requiere buen clima para florecer. Es más, por eso es que Dios puede profundizar tu fe aun cuando las tormentas de la vida derrocan tus sueños, planes y expectativas. No importa lo que la vida te depare, no solo es posible soportarlo, sino continuar hacia adelante confiando en Dios para lo que esté todavía por venir.

¿Has visto destellos de esta clase de fe en otras personas? ¿En un paciente que sufre de cáncer y parece tener una reserva de fuerza que te gustaría embotellar y compartir? Quizá en un anciano que ha vivido tiempos increíblemente difíciles y que, sin embargo, muestra la gentileza y dulzura de un niño. Yo he sentido el calor de la resiliencia y la determinación que nunca se da por vencida de colegas que se han dedicado a luchar por los olvidados y los ignorados. Gente así son nuestros héroes. Queremos ser como ellos.

Y creo que podemos. Pero el camino no es corto. Esa clase de fe que describo se forma cuando nos aferramos a la presencia de Jesús en medio de las dificultades. Y aferrarnos a Jesús en medio de las dificultades significa que *habrá dificultades*. Otra manera de decirlo es que las dificultades pueden ser redentoras. Y «por suerte» para ti y para mí, no es necesario fabricar las dificultades. La vida las trae.

La verdad transformadora es que no hemos sido echados a la merced de nuestras situaciones, sino a la merced de un Dios amante que nos guía y tiene un plan maravilloso para nosotros. Pero verlo en medio de los problemas requiere algún cambio en nuestras perspectivas, reflexión personal y mucho coraje.

Necesitaremos recordar constantemente quién es Dios y qué ha hecho por nosotros. Y cuando lo hagamos, desarrollaremos una disposición como un reflejo para nuestra fe que nos informa sobre cómo debemos responder a las situaciones de la vida, ya sean buenas o malas.

La clase de fe que describo se expresa a sí misma en...

- la resolución de confiar en Dios como nunca pensamos que fuera posible
- fortaleza en medio de dificultades que no pensamos que tendríamos
- paz y esperanza tan fuera de este mundo que puedan bendecir y transformar a otros

Esta clase de fe puede fluir de una simple pero poderosa declaración, una que impulsó mi propia transformación y continúa haciéndolo hasta hoy. Yo me encontré en medio de un desierto oscuro, atrapado y solo. Pero en medio de mi valle, Dios me habló dos palabras que me hicieron resucitar. Dos palabras de una historia para niños de escuela dominical.

LA FE EN MEDIO DE LAS LLAMAS

La primera vez que escuché la historia de Daniel no le presté mucha atención… hasta que la maestra nos chantajeó con caramelos si nos quedábamos tranquilos lo suficiente para terminar la lección. Usó un franelógrafo con figuritas cortadas para contarnos acerca de Daniel y sus tres amigos en Babilonia. Entonces, aquello era la tecnología más moderna para los ministerios de niños: una versión analógica de PowerPoint. Ella nos contó la historia de tres jóvenes en Babilonia que osadamente se mantuvieron firmes en su fe contra un rey poderoso, y fueron rescatados de manera milagrosa de un horno de fuego porque confiaron en Dios. Entonces, nos preguntó: «¿Quién se atreverá a mantenerse firme por Jesús como Sadrac, Mesac y Abednego?».

Uno por uno, todos nos levantamos y prometimos lealtad a Dios. «Confiaré en Dios, no importa el fuego que venga», gritamos todos. Entonces recibimos el premio de los caramelos. Simple. La imagen que persistió para mí en la historia fue la de tres hombres que milagrosamente no se quemaron y estaban de pie junto a Jesús, un Salvador a prueba de fuego en cualquier situación. Nunca olvidé la historia.

Las Escrituras son imaginativas y lo suficiente simples como para nutrir la fe de un niño. Pero también son profundas para acomodar lo que David Brooks observó: «Estas historias continuaban regresando, pero cambiaron, como reformadas por la alquimia del tiempo. Crecieron y se hicieron más profundas, más fantásticas y más extraordinarias»[1]. Con el correr de los años y mis encuentros con mis propios hornos, aquella historia de la escuela dominical ha crecido y se ha profundizado en mí. Mientras miro más detenidamente, imaginándome las emociones y tensiones del drama de Daniel 3, la respuesta de estos tres jóvenes es tan sorprendente como su milagrosa liberación del fuego. Permíteme explicarte.

Nabucodonosor era el rey de Babilonia, el hombre más poderoso del planeta. Había conquistado a todos sus rivales, incluso la pequeña provincia de Judá*. Ni siquiera la superpotencia anterior, Asiria, había logrado conquistar Jerusalén. Pero los babilonios marcharon, asediaron y sacaron por la fuerza al pueblo de Dios de su tierra.

Nabucodonosor tenía el mundo entero al alcance de su mano, pero deseaba más reconocimiento. Entonces, se le ocurrió una gran idea: «Ya que soy el mejor, ¿por qué no hacer que todos reconozcan que lo soy?». Se construyó una gran estatua, llamó a todos los funcionarios del Imperio y, el día de la dedicación de la estatua, tocó su himno lema para que todos se arrodillaran ante ella. Me imagino que sería toda una demostración de poder absoluto, un ritual coreografiado de adoración y lealtad nacional.

Todo iba según el plan. Nabucodonosor estaba emocionado de ver el reflejo de su propio valor en sus sujetos postrados. Excepto tres altos funcionarios de su propia provincia.

¡Sadrac, Mesac y Abednego se negaron a arrodillarse! Para añadir insulto a la traición, él mismo había nombrado a estos hombres de una derrotada ciudad llamada Jerusalén.

En un arranque de ira, el rey los llamó al lugar del horno de fuego para que explicaran su osadía. ¿Cómo se atrevían sus propios funcionarios a ignorar su decreto? Quizá hubo un malentendido. Después de todo, estos funcionarios babilonios no eran del lugar. Quizá algo se había perdido en la traducción.

---

* En realidad, sin él saberlo, Dios entregó Judá a Nabucodonosor por causa de su continua rebelión e infidelidad.

El rey quería confirmación: «Ustedes tres, ¿es verdad que no honran a mis dioses ni adoran a la estatua de oro que he mandado erigir?» (Daniel 3:14, NVI®).

Al no arrodillarse, estos tres funcionarios se negaron a ser parte de la adoración babilónica. No era solo un rechazo de la cultura de Babilonia, ni cuestión de preferencia personal. Era un acto de traición contra el rey.

Nabucodonosor les amenazó: «*Si están listos*, en cuanto escuchen la música se inclinarán y adorarán la imagen que he hecho. *De lo contrario*, serán lanzados de inmediato a un horno en llamas» (ver versículo 15).

Nabucodonosor cerró la amenaza con una frase retórica solo para asegurarse de que estos jóvenes funcionarios comprendían la situación en la que se encontraban: «¡Y no habrá dios capaz de librarlos de mis manos!» (versículo 15). En otras palabras: «Si me rechazan, ¿quién los salvará?». El hombre más poderoso del planeta presentó su caso, afirmó su autoridad y de seguro que esperó contrición y vasallaje.

La amenaza clara del rey es lo que hace que la respuesta de los jóvenes sea tan sorprendente. Con partes iguales de desafío y explicación simple, declararon que en realidad no necesitaban responder al rey en este asunto. La respuesta fue tan obvia que ellos no pensaron que se merecía comentario.

«*Si eso sucede*, el Dios al que servimos puede librarnos del horno y de las manos de Su Majestad. *Pero, aun si no*, sepa usted que no honraremos a sus dioses ni adoraremos a su estatua» (ver versículos 17–18).

El ultimátum de Nabucodonosor confrontó una declaración igualmente resuelta. «*Aun si* nuestro Dios no lo hace así, sepa usted que no honraremos a sus dioses ni adoraremos a su estatua». Ellos no ignoraban la amenaza que tenían delante. No era optimismo ingenuo ni fe ciega. Con el calor de las llamas secándoles los ojos, rechazaron al rey.

Las dos partes de su respuesta al rey hacen una de las declaraciones más poderosas de la Biblia. Declararon:

1. su confianza en un Dios bueno que los podía librar
2. su determinación de adorarle *aun si* no los libraba

En otras palabras, el Dios a quien servían, el Dios de la Biblia, es más poderoso que el rey que tenían delante. Su Dios podía cancelar el decreto del rey y neutralizar sus amenazas. «Mi Dios es mayor que tu dios». Probablemente esperabas algo así de una historia bíblica. La fe contra las probabilidades.

Sin embargo, aquí es donde la historia da un viraje inesperado. Continuaron declarando que no solo su Dios los podía salvar, sino que *aun si* su todopoderoso Dios decidía no demostrar su poder para salvarlos (aparentemente dándole la victoria a Nabucodonosor), ellos no le darían a otro su lealtad. Su lealtad pertenecía a Dios sin importar cómo Él decidiera actuar o no actuar en su defensa. Y consecuentemente, sin importar cuánto el rey resollara y resoplara, ellos no le darían su lealtad.

Aun si. Estas son dos palabras que pueden transformar tus expectativas y fortalecer tu fe. La declaración *aun si* puede ayudarte a mantenerte en pie frente al fuego y confiar en Dios cuando el resultado aún no se ha decidido. Se niega a sucumbir ante la presión o la desilusión. Y en ese sentido, es una declaración sorprendente en medio de las dificultades porque expresa la confianza y la determinación cuando todas las condiciones parecen producir duda y peligro.

La declaración *aun si* es todavía más sorprendente cuando consideramos cómo estos hombres terminaron en Babilonia en primer lugar.

LEJOS DEL HOGAR

Aunque las advertencias ya venían desde hacía tiempo, nadie las había tomado en serio. Las profecías antinacionalistas y pesimistas de Jeremías fueron echadas a un lado por los contraprofetas, cuya lógica parecía más convincente. De ninguna manera la ciudad de Dios, el lugar donde Dios había hecho su morada, podía caer ante el enemigo. Dios nunca abandonaría a su pueblo, a pesar de sus tendencias idólatras y su infidelidad.

Aun cuando las noticias comenzaron a llegar del norte acerca de una nueva amenaza, un ejército de la lejana tierra de Babilonia, la vida (y la infidelidad a Dios) continuó. Un día, comenzó a verse en el horizonte del desierto judío una sombra que crecía. Los puntos se convirtieron en caballos y carros. Las nubes de polvo se levantaban a medida que la maquinaria de guerra avanzaba sobre la ciudad.

Los falsos profetas obstinadamente refutaban lo que todos veían. El mensaje de Jeremías se hacía realidad. Ellos le aseguraron al pueblo que Dios siempre sostendría en alto la gloria de su nombre preservando la ciudad. Y todo este hablar de entregar al pueblo para ser juzgado y exiliado era solo una táctica de temor. Babilonia retrocedería igual que lo habían hecho los invasores anteriores.

Y la ciudad cayó. El templo fue saqueado. Joaquín, el rey, hijo de Joacim, fue capturado. Según la costumbre babilónica, todos los jóvenes prometedores, incluidos Daniel y sus tres amigos, Sadrac, Mesac y Abednego, fueron llevados a Babilonia para ser aculturados y luego asimilados al Imperio babilónico. Sus nombres fueron cambiados y les enseñaron una nueva lengua, fueron reeducados y recibieron puestos en el gobierno.

Mientras tanto, las profecías de Jeremías, ahora vindicado, hacían eco: «No cuenten con volver a Jerusalén.

Hagan de Babilonia su hogar. Mucho tiempo pasará». Ahora corremos la cinta hacia adelante, cuando Sadrac, Mesac y Abednego (Daniel se estaba rebelando por otra parte) estaban de pie ante su captor declarando su confianza en Dios.

¿Cómo podían estos hombres continuar confiando en el poder de Dios para librarlos si no lo había hecho en el pasado? ¿Cómo podían declarar su fe con tal convicción cuando estaban frente al mismo rey que había causado la caída de Jerusalén? Es posible entender que se hubieran dado por vencidos con el Dios que aparentemente se había dado por vencido con ellos. Ese es el reto que enfrenta todo el que confía en Dios. No se cumplen las expectativas. Tampoco las promesas. Las bendiciones se secan. Las oraciones no son contestadas. Nuestros corazones se quebrantan.

La gente responde a este reto de varias maneras. Algunos se resisten y se retractan de su fe, emocionalmente no pueden adorar a un Dios que los abandonó. El silencio de Dios, tanto en palabra como en acción, los desalienta al punto del entumecimiento. En palabras de Fleming Rutledge: «Aun la ira de Dios sería preferible a su ausencia»[2]. La gente que sufre así abandona a Dios y busca otras fuentes de poder: su propia capacidad, otros a su alrededor o cualquier salvador en potencia que les parezca plausible.

Otros doman su fe mientras continúan jugando el juego. En vez de un rechazo explícito, se establece la resignación callada. Aunque no abandonan a Dios del todo, se mantienen distantes de Él. Quizá le reconozcan yendo a la iglesia cada semana o manteniendo la relación con otros cristianos, pero funcionalmente actúan como su propio dios. Siguen a Dios mientras no tengan que depender de Él para nada de verdadera importancia. Han llegado a creer que es mejor así para ellos.

Sadrac, Mesac y Abednego, en cambio, eligieron otra forma. Eligieron confiar en Dios no solo por los beneficios que recibían, sino por quién es Dios y lo que puede hacer. Tim Keller observó la casi paradójica naturaleza de su declaración[3]. Tenían fe en la capacidad de Dios para salvarlos, pero estaban dispuestos a reconocer la posibilidad de no ser librados. A primera vista puede parecer contradictorio. ¿Cómo puedes confiar en Dios y aun así estar abierto a la posibilidad de que no hará lo que quieres? Pero ese es precisamente el punto: una fe robusta cree tan profundamente en Dios que aun si no hace lo que piensas que debe hacer, debes creer que está obrando para tu bien. Esta es la clase de fe de donde surge una declaración *aun si*.

UNA FE MAYOR QUE YO

No soy muy habilidoso con las manos. Aunque puedo leer instrucciones y construir un mueble de IKEA como el mejor, no soy ningún artesano. A veces necesito varios intentos para colgar un cuadro derecho. ¡Mucho menos algo que involucre electricidad o plomería! Pero sí he construido otras cosas: ministerios, equipos y organizaciones. Sé que si vamos a construir algo bien (ya sea una casa o una iglesia), un fundamento sólido es esencial.

Igual sucede con nuestra fe. Jesús contó una parábola acerca de construir nuestras vidas sobre un fundamento sólido (Lucas 6:46–49). Alguien que viene a Jesús, oye sus palabras y las pone en práctica es como una persona que construye su casa sobre la roca sólida. Cuando viene la tormenta, la casa permanece en pie. Es bien sencillo.

Pero yo me pregunto si nosotros no nos desviamos sutilmente de esta creencia. Sobre todo en nuestros días de ayuda propia, cuando el mayor objetivo es lograr nuestra felicidad, construir nuestra fe en Jesús puede ser visto como una práctica subjetiva: solo Jesús, yo y una taza de café con el último disco de adoración. Podemos pensar que estamos construyendo un fundamento sobre Jesús, pero esta fe tiene una debilidad inherente. Solo será tan fuerte como nuestra propia experiencia de él.

Sadrac, Mesac y Abednego demostraron una fe informada por algo más que sus historias personales. Su devoción fluía de un manantial más profundo que los chorritos de la superficie de sus circunstancias. Eso fue lo que les dio la seguridad para confiar en Dios frente al fuego. Su fe estaba puesta sobre la obra de Dios en el pasado.

Quizá recordaron cómo Dios había liberado a su pueblo de Egipto en el éxodo y les dio provisión en el desierto. Y cómo había salvado a la generación previa de los poderosos asirios. Una y otra vez habían oído de la salvación milagrosa de Dios y su amor fiel que siempre cumplía su parte del pacto.

Todos estos recuerdos formaron un cuadro mayor que demostraba el poder y el carácter de Dios; un cuadro que abarcaba mucho más que solo sus vidas. Era suficiente para justificar su devoción y confianza aunque no hubieran experimentado personalmente su liberación.

Aquí es donde la declaración *aun si* encuentra su fundamento: en el testimonio histórico objetivo de las Escrituras y de los santos de antaño. Ese fundamento sobre el que Sadrac, Mesac y Abednego edificaron está disponible para ti también. Tu fe es mucho más que la devoción privada, un grupo de valores o experiencias personales que solo son ciertas para ti. Dios viene obrando a través de la historia de la humanidad, proveyendo y guiando a hombres y mujeres de maneras profundas y poderosas. Sus huellas están por todas partes, aun en los tiempos más oscuros. Recordar esto puede marcar toda la diferencia en nuestra opinión de Dios... sobre todo cuando estás frente al fuego.

De pie frente al ser humano más poderoso del planeta, los ojos entrecerrados por el sudor, las caras chamuscadas por el intenso fuego del horno, Sadrac, Mesac y Abednego se mantuvieron confiados. Dios podía salvarlos porque había salvado a generaciones pasadas. Porque es todopoderoso, podía salvarlos a ellos. Y aunque eligiera no hacerlo, era digno de su adoración.

Su confianza en Dios era extraordinaria, pero sus circunstancias no eran más excepcionales de lo que enfrentamos hoy. En un mundo de hostilidad en aumento y tensiones políticas, coronavirus, cáncer, quebrantamiento de familias, persecución, ataques terroristas y conflictos armados, ¿podemos mirar al mundo que nos rodea y confiar igualmente en que Dios nos liberará? ¿Sobre qué se basa tu fe? ¿Es Dios digno de tu adoración?

El RESULTADO DE *AUN SI*

Nabucodonosor reaccionó con furia al ver su desafío. Puedo comprenderlo. Si mis propios hijos respondieran así, la cosa no terminaría bien. Daniel 3 dice que «se puso muy furioso y cambió su actitud hacia ellos» (versículo 19). Cualquier misericordia o empatía que el rey había buscado extenderles se había evaporado. Ordenó calentar el horno siete veces más de lo normal. Estaba tan caliente que hasta los guardias cuya tarea era arrojarlos dentro murieron en el acto. La aparente templanza de la respuesta colectiva de los tres jóvenes contrasta con la represalia desproporcionadamente encendida de furia del rey.

Quería hacerles daño, y no le importaba a cuántos más dañaba en el proceso.

La declaración *aun si* no mitigó las circunstancias; las intensificó. Una declaración *aun si* no es un amuleto que despeja el camino frente a nosotros. No fue así para Sadrac, Mesac y Abednego. Ellos declararon su confianza en el poder y la bondad de Dios y su determinación de adorarle solo a Él, pero esa declaración no les dio la salida. Al contrario, aumentó el calor. Elegir confiar y adorar a su Dios se convirtió en una confrontación. Un dios falso contra el Dios vivo y verdadero. No hay punto medio ni acuerdo posible aquí, no se puede jugar en ambos equipos. Te postras o te quemas.

¿Cómo terminó la historia? Dios los salvó. Nabucodonosor vio a una cuarta persona en el fuego, uno que tenía «la apariencia de un dios» (versículo 25). Esta figura divina estaba de pie con los tres hombres, y los protegió de tal manera que sus ropas no fueron chamuscadas y ni siquiera olían a humo. Estos «holocaustos» experimentaron lo que los estudiosos llaman una teofanía: una manifestación de Dios. Así, los jóvenes recibieron más que la liberación. Recibieron la misma presencia de Dios.

El rey aceptó su lugar. Exclamó: «¡Alabado sea el Dios de estos jóvenes, que envió a su ángel y los salvó! Ellos confiaron en él y, desafiando la orden real, optaron por la muerte antes que honrar o adorar a otro dios que no fuera el suyo» (versículo 28).

La bendición de Nabucodonosor ofrece dos observaciones importantes. Primero, el hombre más poderoso del planeta reconoció el poder salvador de uno mayor. Dios había salvado a sus siervos y refutó lo que había declarado antes: «¡No habrá dios capaz de librarlos de mis manos!» (versículo 15). La declaración confiada de Sadrac, Mesac y Abednego («El Dios al que servimos puede librarnos del horno y de las manos de Su Majestad» [versículo 17]) probó ser cierta.

Segundo, el rey les felicitó por su devoción y compromiso con el Dios que puede librar. Este reconocimiento es importante. Nabucodonosor vio que el desafío de los jóvenes no solo fue terquedad o resignación a la suerte que les esperaba. Tampoco fue una expresión de una fe ingenua y triunfalista que rehusaba aceptar la posibilidad de la muerte. No, estaban dispuestos a morir, a entregar sus propios cuerpos, antes que servir a cualquier otro. Irónicamente, el rey fue quien explicó la motivación de sus acciones. La negación de postrarse fluía de una devoción mayor a un Dios mayor.

Nabucodonosor, entonces, hizo una declaración para todo el Imperio. Nadie en el Imperio debía hablar en contra del Dios de Sadrac, Mesac y Abednego, porque ningún otro Dios podía salvar *de esta manera*. ¿Y qué manera es esta?

Dios pudo haber salvado del fuego a los jóvenes de muchas maneras milagrosas. Podía haber apagado el fuego. Podía hacer que Nabucodonosor cambiara de idea. Si pudo hacer que la madera mojada se encendiera como en el caso de la confrontación de Elías con los profetas de Baal (1 Reyes 18), podía hacer que el fuego no se encendiera. Pero los jóvenes no fueron salvados del horno. Dios permitió que fueran echados. En vez de cambiar las circunstancias, Dios hizo que su presencia fuera conocida en medio de ellos y por medio de ellos. ¿Recuerdas la promesa de Jesús? Su presencia en las dificultades.

A menudo, Dios obra así. Es más, en otra Escritura, Dios mandó al profeta Isaías a predecir el exilio de Israel y cómo Él los salvaría.

Cuando cruces las aguas,
yo estaré contigo;

cuando cruces los ríos,
no te cubrirán sus aguas;
cuando camines por el fuego,
no te quemarás ni te abrasarán las llamas (43:2).

No dice *si* caminas por el fuego, sino *cuando*. Y cuando estés en medio del fuego, no te quemarás. No serás consumido.

A veces Dios permite que pases por el fuego. Cuando nos enfrentamos a las dificultades o inseguridades (los fuegos de la vida), nuestra respuesta instintiva es hacer lo que podamos para cambiar las circunstancias. Le pedimos a Dios que apague el fuego. O por lo menos que baje un poco el calor. Que el rey cambie de idea. Que cierre la puerta del horno. Que nos muestre que es Dios. ¿Cuántas veces he actuado creyendo que lo que más necesito es que la situación cambie en vez de más de Dios en medio de la situación?

Como ejemplo de lo fácil que es pensar así, piensa en la última vez que hablaste con alguien acerca de un problema. Lo más probable es que el consejo que te dieran fuera acerca de cómo cambiar la situación. Quizá la persona te sugiriera salir de la relación, abandonar la negatividad. Quizá te dijeran qué puedes hacer de forma diferente. Muy pocos de los consejos que recibimos tienen que ver con soportar.

Dios nos permite caminar por el fuego para que podamos experimentar su presencia, no solo su poder. Su presencia en medio del problema nos muestra que se preocupa por nosotros, no como un genio que nos da una vida libre de dificultades, sino como el Dios que nos ama y nos llama a tener una relación con Él.

Aun en la peor de las circunstancias tenemos la oportunidad de declarar nuestro *aun si*, sosteniendo en una mano nuestra confianza en un Dios que puede salvar y, en la otra, nuestra determinación de que *aun si* no lo hace, le adoraremos.

Aun si es una declaración tanto de fe como de inseguridad; es una manera de expresar nuestra fe y esperanza en un Dios que se preocupa por nuestra vida en la tensión del mundo difícil e imprevisible en que vivimos. Y al final, aunque Dios no siempre cambie nuestras circunstancias, su presencia nos cambiará a nosotros en medio del fuego.

Ningún otro Dios rescata así, y esto no es cierto solo para el horno de fuego de Babilonia. Dios rescató a toda la humanidad, no solo a tres jóvenes. Y mira cómo lo hizo. Dios vino como Emanuel, que literalmente significa «Dios con nosotros». Dios dejó la gloria del cielo, se vistió de carne y vivió entre nosotros. Experimentó el dolor y el sufrimiento de este mundo, y murió por los pecados que lo echaron todo a perder en primer lugar.

Así, Jesús vino y caminó dentro del fuego no solo con nosotros, sino por nosotros. Prefirió ser abandonado en el horno de su sufrimiento para que nosotros fuéramos perdonados. Y después de resucitar, antes de ascender al Padre, prometió: «Les aseguro que estaré con ustedes siempre, hasta el fin del mundo» (Mateo 28:20, NVI®). Esto significa que en todo valle, en todo fuego, podemos declarar nuestro *aun si* confiando en que el Dios que nos salva de nuestro *aun si* lo hace de forma que no podemos imaginar.

Eso es lo que nos da la fe en Dios. La posibilidad de tener una oportunidad de transformación sin importar dónde estemos. Antes de ver cómo vivir esta fe mediante pasos concretos, consideremos con más detalle las dos partes de la declaración *aun si*.

El bien en el lado profundo de la piscina

2

MIS PADRES coreanos inmigrantes tenían su propio negocio. Los días libres no eran comunes, así que me sorprendí cuando un día de verano, antes de cumplir seis años, mi papá decidió no abrir la tienda.

—Hoy nos vamos de natación —anunció.

—¡Sí! Pero, papá, no sé nadar.

—No importa. Es la oportunidad perfecta para enseñarte —se ofreció con suficiente confianza por los dos.

Mamá lo preparó todo para pasar el día: el surtido habitual de toallas y protector solar y, por supuesto, un increíble banquete para el almuerzo y suficientes tentempiés para sobrevivir a un apocalipsis nuclear. Supongo que era el beneficio de ser dueños de una tienda de comida. Esos eran los días cuando los dispositivos para flotar eran parte del traje de baño de los niños. No se habían inventado las chaquetas flotadoras, y el aparato más común para la seguridad acuática de un niño era un aro inflable que casi nunca cabía alrededor del brazo (y que, desafortunadamente, a veces solo servía como una boya para localizar tu cabeza hundida). Aun así, esas cosas solo eran para la gente supercautelosa. Mis padres pensaban que si iban a asustarse tanto, era preferible no entrar en el agua en primer lugar.

Con nada más excepto mi traje de baño como salvavidas, estaba emocionado por recibir mi primera lección de natación. Mi papá era un buen nadador (por lo menos eso es lo que me digo hoy a mí mismo). Llegamos a la piscina y, mientras mis padres buscaban dónde establecernos para el día, yo ya estaba sumergido hasta las rodillas en el lado de los niños, chapoteando y soñando cómo iba a conquistar y explorar este parque rectangular.

Después de preguntar «¿Podemos nadar ya?» casi cien veces, mi padre me tomó de la mano y me llevó al lado hondo de la piscina. Como el anunciador de una pelea de lucha libre, me preguntó: «¿Estás listo para nadar?». Antes de que pudiera decir que sí, como si presumiera la respuesta, me lanzó al aire.

Como el resto de mi crianza, la escuela de natación de mi papá estaba fundada sobre la filosofía de inmigrantes de «nadas o te hundes», excepto que esta vez era literal. Ni siquiera tuve tiempo de gritar. Una combinación de instinto de supervivencia y el *shock* inicial apagaron todo tipo de grito cuando toqué el agua, e inmediatamente comencé a luchar por mi vida.

Luego de beber un galón de agua de cloro, sentí dos brazos que me halaban. Comencé a toser suficiente agua para poder hablar y soltar un grito de susto y confusión entre mi agitada respiración.

«¿Por qué me tiraste? No...».

Antes de que pudiera terminar la frase, me empujó lejos de él, lo suficiente como para tener que nadar hacia él. En realidad, *nadar* es un término muy elegante para describir lo que estaba haciendo. Más bien parecía que me revolcaba y le daba palizas al agua.

Estábamos demasiado dentro de la piscina como para poder encontrar refugio en la pared. Una y otra vez repetimos ese intercambio. Yo lograba llegar hasta él, y él me recogía si me hundía. De alguna forma, él se recuperaba de mi agarre mortal sobre su cuerpo y me tiraba de nuevo. Mis uñas tatuaron un patrón desesperado de marcas rojas por todo su cuerpo, señales de mis frustrados intentos de aferrarme a la vida.

Aquel día aprendí a nadar. También aprendí a beber mucha agua de piscina sin vomitar. Obviamente no morí. Aunque en medio de todo pensé que moriría. Cuando las aguas te cubren no tienes la capacidad de razonar lógicamente ni pensar con claridad.

Durante aquella primera y única clase en la escuela de natación inmigrante, creí que mi padre, el hombre que literalmente había cruzado el océano para darme una mejor vida, me dejaría morir en aquella piscina pequeña. Se me olvidó quién era y lo que había hecho. Hasta se me olvidó que mi mamá miraba desde su silla al lado de la piscina. (Su papel pasivo en mi memoria es un tema totalmente diferente).

Después de tener mis propios hijos, veo la falta de fundamento de mis temores. Ya sea que se nieguen a comer un plato delicioso pero no atractivo, o se rebelen para ir a la cama cuando obviamente han pasado todo nivel sano de cansancio, hasta el menor de mis hijos demuestra constantemente el instinto humano básico de protegerse.

Cuando te ves amenazado, ¿te has dado cuenta de lo fácil que es desconfiar de la misma gente que te ha dado motivos para poner tu destino en sus manos? Padres, hermanos, mejores amigos, médicos, entrenadores, maestros; son las personas de las que normalmente dependemos. Pero a veces, en momentos de dificultad o inseguridad, podemos olvidarnos de su carácter, fidelidad y capacidad, y nos las arreglamos por nosotros mismos.

Cuando nos vemos hundiéndonos en aguas profundas o nos enfrentamos al fuego de la vida, un tipo de amnesia autopreservadora también puede infectar nuestra fe. El obstáculo o el oponente frente a nosotros puede hacernos olvidar quién es Dios, porque solo estamos preocupados por sobrevivir. Y cuando nos olvidamos de quién es Dios, lo que sea que confrontamos parece ser aún más peligroso. La desesperación y la desconfianza hacen acto de presencia.

Es entonces cuando debemos recordar quién es Dios y quiénes somos nosotros como resultado. La declaración *aun si* nos ayuda a hacerlo comenzando con el llamado a recordar el verdadero carácter y la capacidad de nuestro Padre celestial. Al leer Daniel 3:17–18, las dos partes de la declaración *aun si* son:

1. la confianza en un Dios bueno que nos puede librar
2. la determinación de adorarle *aun si* no nos libra

Frente al hombre más poderoso del planeta, Sadrac, Mesac y Abednego declararon su confianza en Dios. Aun cuando se enfrentaron a un fuego intenso, no sucumbieron a la amnesia instintiva. Declararon que Dios los podía librar. Detrás de su confianza en la habilidad de Dios, había una confianza más profunda en el carácter de Dios. Él es un Dios bueno.

¿Qué significa decir que «Dios es bueno»? Si creciste en la iglesia, sabes que los cristianos usan muchas frases para expresar algo de lo que no están seguros. A menudo, cuando oyes «Dios es bueno», alguien responderá por instinto: «¡Siempre!». Yo lo creo, pero debemos descifrar lo que verdaderamente significa la bondad de Dios frente al fuego.

JUGUEMOS A ASOCIAR PALABRAS

A mi familia le gusta jugar a un juego en el que escogemos una categoría y nombramos algunos temas que comprenden esa categoría. A veces, para hacerlo más difícil, jugamos una versión donde tenemos que hacerlo alfabéticamente. Últimamente, la categoría preferida ha sido los personajes de Marvel. Algo así:

«Ant-Man».

Seguido por «Black Panther».

Entonces «Capitán América».

«Daredevil». Y así sucesivamente.

(Esto lo he improvisado. ¿No te impresionó?).

Confiar en la bondad de Dios es como un ejercicio de asociación de palabras impulsado por la fe. Debemos matizar cómo Dios demuestra su bondad. Es más, nuestra fe aumenta a medida que aprendemos mediante la experiencia y el estudio acerca de lo que su bondad implica. Juega conmigo. La categoría es Dios. Ahora, ¿cuántos de sus atributos podemos nombrar? ¿Cómo esos atributos son expresiones de su bondad? Recibirás puntos de más si puedes hacerlo en orden alfabético. Vamos a intentarlo: su autoexistencia*, belleza, compasión, determinación… y así sucesivamente.

Más que solamente jerga teológica, estas cualidades comprenden tu entendimiento de quién es Dios, y las implicaciones son enormes. A. W. Tozer lo describió mejor en la primera línea de su obra *El conocimiento del Dios santo*: «Lo que nos viene a la mente cuando pensamos en Dios es lo más importante para nosotros»[1]. En otras

---

* La autoexistencia de Dios tiene que ver con el hecho de que Dios existe por sí mismo. No depende de nada ni de nadie.

palabras, lo que crees acerca de Dios determinará cómo responden en cada situación de la vida, ya sea en la cima de la montaña, el valle o las llanuras. Pregúntate en medio de todo lo que enfrentas hoy: *¿Quién es Dios? ¿Es bueno?*

¿Y qué significa *bueno*? Hoy en día se le da muchos significados a esta palabra. La usamos para describir una comida o una película, un amante o una experiencia. La vemos como respuesta genérica cuando le preguntas a tu hijo: «¿Cómo te fue en la escuela hoy?»; o le preguntas a un amigo: «¿Cómo fueron tus vacaciones?». Si la única respuesta es «bueno», podríamos pensar que tuvieron una experiencia indiferente, que no quieren hablar o quieren ignorar que se les hizo difícil.

A veces la ofrecemos como una respuesta blanda cuando alguien nos pregunta: «¿Cómo estás?». «Bien. ¿Y tú?». Aunque en nuestro interior nos estamos desmoronando.

La usamos para elogiar a un perro obediente («Buen perrito»). De mala gana felicitamos a alguien a quien en realidad envidiamos («¡Qué bueno!»). *Bueno* puede significar muchas cosas. Entonces, ¿qué queremos decir cuando decimos que Dios es bueno?

Si puedo ser un poco técnico para comenzar, la bondad de Dios significa que tiene tanto la habilidad como la intención de obrar por el bien de su pueblo y su creación, para su beneficio. Su bondad significa que siempre hace lo adecuado. Que en Él no hay maldad, malicia ni injusticia.

Dios no necesita consultar un manual para ser bueno. No necesita hacer referencia a un estándar excepto a sí mismo; Él es el estándar de la bondad. Por tanto, bueno es cualquier cosa que refleje su carácter. Malo es cualquier cosa que se oponga a su carácter y su voluntad. La manera en que Dios actúa y lo que valora determinan lo que es bueno.

Permíteme darte un ejemplo. En el recuento de la creación en Génesis 1, Dios continuamente declaró lo bueno de su creación. Hizo al mundo por su palabra y luego juzgó que era bueno solo con observarlo. Su opinión sobre la creación definió el estándar. *La vida es buena. La creación y el orden son buenos.* Después de crear a los que portarían su imagen, vio que toda su creación era muy buena. Génesis 2 se enfoca en la creación de Adán y Eva, y descubrimos que la creación de Eva fue la respuesta a una situación «que no era buena». Dios dijo que no era bueno que Adán estuviera solo. Dios, en su bondad, le creó ayuda. Las relaciones íntimas y la comunidad son buenas porque Dios lo dijo.

En la situación de Sadrac, Mesac y Abednego, la bondad de Dios tiene que ver con su *capacidad* y su *disposición* de salvar aun en las circunstancias más difíciles. Podemos llevar esto más lejos. Lo que aprendemos de este episodio es que la bondad de Dios no significa que siempre nos salvará como queremos. La bondad de Dios no significa que siempre será previsible ni obediente a nuestra voluntad.

C. S. Lewis captó esta importante distinción en un corto intercambio entre los niños y los castores en *El león, la bruja y el armario*[2]. Los niños están emocionados por conocer a Aslan, el rey de Narnia, hasta que descubren que es un león.

LUCY: ¿Es… es un hombre?

EL SR. CASTOR: ¡Un hombre! Desde luego que no. Os digo que es el rey del bosque y el hijo del gran Emperador de Allende los mares. ¿No sabéis quién es el Rey de las Bestias? Aslan es un león, el león, el gran león.

SUSAN: ¡Ooh! Pensaba que era un hombre. ¿No es peligroso? Me pone un poco nerviosa la idea de encontrarme con un león.

LA SRA. CASTOR: Lo entiendo, querida, y es comprensible. Si existe alguien capaz de presentarse ante Aslan sin que le tiemblen las rodillas, o es más valiente que la mayoría o es sencillamente un necio.

LUCY: Entonces, ¿es peligroso?

EL SR. CASTOR: ¿Peligroso? ¿No has oído lo que ha dicho la señora Castor? ¿Quién ha dicho que no sea peligroso? Claro que es peligroso. Pero es bueno. Es el rey, ya os lo he dicho.

Seguridad no implica bondad. La seguridad es previsible y domesticada. La bondad de Dios nos promete que *aun si* el resultado (o la situación misma) no es lo que esperamos, Dios vela por nosotros, nos defiende y siempre cuida de los que son suyos. Como dijera Neal Plantinga: «Aparte de la fiabilidad, el otro nombre de Dios es sorpresa»[3]. A veces Dios, en su bondad, no hará lo que esperamos, sino lo que nunca hubiéramos soñado.

Por tanto, el cáncer no invalida la bondad de Dios. La traición no significa que Dios te ha abandonado. En una paradoja extraña, las tragedias de la vida y la bondad de Dios no se excluyen mutuamente. La bondad de Dios no nos libra de los golpes de la vida, pero sí nos asegura que Dios no es el que usa los nudillos de acero.

Quizá no sea previsible, pero es bueno. *Recordar* la bondad de Dios hace crecer nuestra confianza en ella sin importar lo que venga.

RECUERDA EL ASOMBRO

Cuando estaba en la universidad, me cortaba el cabello un inmigrante vietnamita llamado Vin. Me encantaba cómo me pelaba con el toque de un artista. A su inigualable habilidad con la cuchilla, le seguía la sabiduría social tan importante que necesita todo barbero. No hablaba hasta cansarme, pero tampoco se quedaba callado.

En una ocasión, charlábamos de nuestros planes para el verano, y Vin me comentó su deseo de ir a Vietnam ese verano. Sería su primera visita desde que había salido hacía veinticinco años.

«Hace tiempo de eso. ¿Cómo terminaste en Estados Unidos?», le pregunté. No estaba preparado para la respuesta.

De joven, Vin huyó cuando la guerra escaló. Después de empacar lo que pudo en una bolsa pequeña, se unió a una dispar caravana de gente desesperada por escapar. Usando partes de sus casas y barriles de plástico azules para flotar, el grupo hizo una balsa rústica y se echaron al mar de la China Meridional. Había más pasajeros a bordo de los que un barco de tamaño similar podía soportar.

El mar los lanzaba por todas partes. Los vientos solo se detenían lo suficiente para que el sol aprovechara para quemar su determinación y aumentar su sed. Después de solo unos días, la balsa comenzó a desintegrarse en el océano. Las olas la destruían como si el mar supiera dónde estaban las costuras. Finalmente, se desbarató y se convirtió en una confederación de piezas semiflotantes. Con desesperación, Vin y algunos otros se aferraron a un pedazo de tubo de plástico mientras muchos otros sucumbían a la deshidratación, los tiburones y el calor.

Después de más o menos una semana, los sobrevivientes fueron vistos y rescatados por un barco de carga italiano. Menos de un tercio de la tripulación original sobrevivió. El barco llevó a Vin a Italia, donde le dieron asilo y después aprendió el oficio de barbero.

Por medio de una serie de eventos milagrosos, Vin terminó casándose y emigrando a Estados Unidos. Con el paso de los años, Vin y su esposa tuvieron hijos, y él estableció una barbería exitosa. Esta es la historia arquetípica del sueño americano, una que puedo apreciar y con la que me puedo relacionar, con la excepción de la travesía en alta mar.

Mientras Vin continuaba la conversación acerca de sus planes, las sillas a nuestro alrededor se ocupaban y se desocupaban. Las campanas que colgaban de la puerta sonaban constantemente anunciando la llegada o la salida de otro cliente, mientras que yo estaba ahí en silencio y pensando profundamente. Era obvio que la bondad de Dios había dejado su huella en la vida de Vin. *¿Salvado de la guerra? ¿Rescatado en el mar? ¿Establecido en Italia y luego en un pequeño suburbio de Washington D. C.? Por favor. Esto no se puede inventar.*

Comencé a hacerle preguntas. «¿Qué crees que significa todo esto? ¿Por qué te protegería Dios? ¿Qué otro propósito mayor crees que hay en todo esto?».

«En realidad nunca he pensado mucho en eso», me dijo con indiferencia.

Eso fue todo. Los dos sentimos el silencio incómodo. Yo estaba más sorprendido por su respuesta que por su historia. Parecía no sentir asombro por el hecho de que aquí estaba, a kilómetros y años de haberse visto a la deriva en el mar, en su propia barbería cortándome el pelo.

Quizá estuviera protegiendo sus propios sentimientos. Quizá ya lo hubiera procesado todo, o quizá fuera demasiado traumático para revivirlo. Quizá su actitud indiferente se adaptara al escenario; el trabajo no es muy a menudo el lugar apropiado para ponerse sentimental. Sé que es un hombre agradecido, pero su respuesta me decepcionó.

No obstante, su historia me hizo ver algo acerca de mi propio corazón. Si fuera a contarle mi historia a otra persona, ¿trataría algunas de las intervenciones milagrosas y maravillosas de Dios de la misma manera? Aunque no experimenté los extremos que él experimentó, ¿con cuánta frecuencia subestimo las expresiones de la bondad de Dios en mi propia historia? Si nos detenemos por un momento para considerarla, nuestra historia puede darnos incontables recuerdos de la bondad específica, personal y singular de Dios.

Desde entonces, he aprendido que recordar es diferente a traer a la memoria. Poner los eventos en una línea de tiempo, hacer una lista de las personas y los lugares, y otros actos de contar una historia, esto es traer a la memoria. *Recordar* considera el significado de esos eventos, personas y lugares. Si traer a la memoria implica pensar en la buena comida que compartimos tú y yo, quizá publicando una historia en Instagram, recordar implica considerar el gozo de la conversación, la gratitud que sentimos por el trabajo que pusimos en la comida y cómo afianzó nuestra amistad.

Yo puedo traer a la memoria los altibajos de mi vida. Pero necesito recordar cómo Dios estuvo conmigo durante la trayectoria. ¿Cómo saber cuándo hacemos una cosa o la otra, traer a la memoria o recordar? Como dijo Jesús acerca de otras acciones del corazón, lo reconocemos por el fruto (Mateo 7:20). Mientras que el fruto de traer a la memoria puede reconocer o verificar lo que pasó, recordar nos lleva a vivir de manera diferente. Provoca una respuesta.

En cierto sentido, el recuerdo y el asombro van juntos. Recordar (y no solo traer a la memoria) la bondad de Dios para con nosotros, nos provoca adorarle. También funciona al revés. Igual que recordar nos hace asombrarnos, el asombro nos hace recordar[4]. Detente lo suficiente para admirar una puesta de sol u observar una lluvia continua que da vida, y espero que experimentes el asombro.

El mundo creado que inspira asombro nos llama a recordar los atributos del Dios que lo creó todo con su palabra. La creación nos llama a recordar la bondad y la gloria de Dios.

El Salmo 19:1-4 (NVI®) lo expresa así:

> Los cielos cuentan la gloria de Dios,
> el firmamento proclama la obra de sus manos.
> Un día transmite al otro la noticia,
> una noche a la otra comparte su saber.
> Sin palabras, sin lenguaje, sin una voz perceptible,
> por toda la tierra resuena su eco,
> ¡sus palabras llegan hasta los confines del mundo!

De esta manera, el asombro puede ayudarte a recordar. Así como Dios hace fielmente que el sol salga y se ponga cada día, te ha amado, guiado y sostenido por incontables días y temporadas. Cuando te levantes por la mañana, recuerda que sus misericordias son nuevas, aunque sea solo por el hecho de que te has despertado. Cuando estés a punto de disfrutar de una buena comida, recuerda que Dios provee tu pan diario.

Recuerda el cuidado bueno y fiel de Dios aun cuando no lo has reconocido. Y luego toma nota de lo que sucede en tu corazón mientras recuerdas. Verás que no puedes nunca recordar con nostalgia la bondad de Dios en tu vida. Su bondad siempre pide una respuesta. Así funciona recordar. Por eso Dios le ordena a su pueblo una y otra vez que recuerden.

Sé que es más fácil decirlo que hacerlo, especialmente en el mundo en que vivimos. Todos nadamos en el océano de la cultura de los medios, siempre inundados por la información. Nuestra atención regularmente va de una cosa a la otra, y el volumen de actualización erosiona nuestra capacidad de traer siquiera a la memoria todos los eventos y detalles, mucho menos recordar y reflexionar.

Hace unas cuantas décadas, Neil Postman lo llamó el efecto «y ahora... esto»[5]. Todos los medios de comunicación y noticias actúan así. Una noticia acerca de una tragedia local da lugar a una sección desconectada acerca del clima de mañana, lo cual da paso a lo último en los deportes, todo interrumpido por los anuncios comerciales que tratan de venderte el último Honda o un champú.

«Y ahora... esto» nos dice que ya hemos pensado lo suficiente acerca de la historia anterior y es hora de pasar a la próxima noticia que capte nuestra atención. Llevamos las distracciones «y ahora... esto» en el bolsillo (o la riñonera; no te estoy juzgando). Las notificaciones móviles nos dicen que dejemos lo que estamos haciendo y prestemos atención al próximo bocado de información.

Las redes sociales nos llevan a otro nivel. Siempre están presentando la próxima distracción «y ahora... esto», bien sea una cita breve o un meme viral. Los medios modernos transmiten continuamente. Cuando haces un maratón de series en Netflix, ni siquiera tienes tiempo de digerir lo que sucedió en el episodio anterior, pues el próximo comienza en 5, 4, 3...

El resultado es que se nos hace cada vez más dificultoso considerar el significado de un evento antes de que el próximo exija nuestra atención. Nos quedamos con una memoria débil de lo que pasó sin la reflexión necesaria para conectarnos personalmente.

Lo mismo sucede con los eventos en nuestra vida. En lugar de una historia sin significado ni propósito, nuestra vida se convierte en una línea temporal de eventos al azar. Podemos perder de vista la narrativa mayor, la historia mayor que hemos sido llamados a vivir. En esencia, nos olvidamos más de lo que experimentamos.

A medida que perdemos la capacidad de recordar y reflexionar, perdemos el asombro. Nos volvemos insensibles. Si algo nos impresiona, es solo hasta que recibimos el próximo cosquilleo lo suficientemente fuerte para vencer nuestra creciente tolerancia. Y la consecuencia más trágica es que nos quedamos sedados en un mundo cargado de la gloria asombrosa de Dios[6]. Las expresiones de la bondad de Dios se pierden entre las actualizaciones del estatus y los vídeos de TikTok. Nos olvidamos de lo que Él ha hecho en medio de lo que nosotros hacemos.

Aún hay antídoto, pero es dolorosamente contracultural y quizá más contradictorio ahora. Debemos apagar el ruido. Puedes escoger. Puedes apagar las notificaciones en el teléfono. Los correos, los textos, los *me gusta* de las redes sociales, las actualizaciones de estado y todo lo demás puede esperar. Hasta las noticias más recientes acerca de la COVID-19 todavía estarán allí cuando vuelvas. Si eres lo suficientemente valiente, puedes apagar el teléfono durante distintos períodos: una hora al día, un día al mes, y así sucesivamente.

Lo importante es recordar (¿ves lo que hice ahí?) que no estás ignorando los canales porque la tecnología es malvada. Cada *no* puede traer un *sí* mayor. Estás diciendo no a ser inundado con más detalles de los que puedes traer a la memoria para decir sí a recordar las maneras importantes en las que Dios ha sido bueno contigo.

Esto se hace aún más cierto si estás en medio del valle o frente al fuego. La alternativa de recordar es olvidar, ser halado y empujado por los antojos no solo del mundo, sino de tu imaginación. Cuando te olvidas de la bondad de Dios, tu imaginación comienza a trabajar horas extra. El fuego parece más caliente; el valle más desierto.

Entonces comienzan las quejas. Las voces que te condenan se hacen más altas y te acusan de haber hecho algo para merecer tal castigo. La determinación se debilita. La confianza mengua. Viene la tristeza.

La diferencia entre la esperanza y la desesperación es recordar que así como Dios ha sido bueno en el pasado, continuará siendo bueno *aun si* las circunstancias no son de tu agrado. La esperanza no encuentra fortaleza en lo que es, sino en lo que será. Recordar la bondad de Dios en el pasado se convierte en el aliciente para esperar la futura bondad de Dios.

CUANDO YA TIENES SUFICIENTE

¿Qué pasa si tu recuerdo de la bondad de Dios en tu vida está borroso? La buena noticia es que Dios tiene una obra mayor que nuestra experiencia con Él. Su bondad y su amor infinito son celebrados juntos en las páginas de la Biblia. En el Antiguo Testamento el pueblo de Dios cantó: «Él es bueno; su gran amor perdura para siempre» (Salmo 136:1, NVI®). El gran amor de Dios nos recuerda su compromiso fiel con nosotros. No solo es bueno para con nosotros, es bueno para con nosotros a largo plazo.

Piénsalo bien. Para siempre es mucho tiempo. Esto significa que no importa el tiempo que estés en el valle: tu estadía allí no agotará su bondad y amor por ti. La vida en el valle, la morada en el desierto y los hornos de fuego tienen fecha de vencimiento. El amor y la bondad de Dios, no.

Cuando piensas que es difícil encontrar la bondad de Dios en tu propia vida, ensancha el círculo, aumenta el tamaño de la muestra. La confianza de Sadrac, Mesac y Abednego en la bondad de Dios surge de recordar que el gran amor de Dios es para siempre, tanto en el para siempre del futuro como en el para siempre del pasado. Para siempre abarca lo que ha de venir y lo que ya pasó. El gran amor de Dios había permanecido mucho antes que ellos. *Insertar el emoji de la cabeza explotando.*

Si bien no habían sido salvados del asedio de Babilonia sobre Jerusalén, Sadrac, Mesac y Abednego pudieron recordar cómo Dios los había salvado de otro rey poderoso unas generaciones antes. Si quieres leer esa fascinante historia, busca 2 Reyes 18–19.

Los israelitas podían mirar aún mucho más atrás y recordar la salvación de Dios cuando fueron liberados de Egipto. El éxodo fue definitivamente un acto de Dios cumpliendo el pacto y protegiendo a su pueblo. No solo está registrado en el libro de Éxodo; los salmos cantan en diferentes ocasiones acerca de este ejemplo de la bondad de Dios. El Salmo 105 y el 106 forman dos partes de un cántico que recuenta la provisión y la bondad de Dios. El Salmo 106 es especialmente poderoso, pues cuenta cómo Dios continuó mostrando su bondad en justicia y misericordia a pesar de la infidelidad del pueblo.

Aun hoy, en la celebración anual de la obra redentora de Dios, las familias judías se reúnen y cantan de la bondad de Dios como parte de la cena de la Pascua. Inmediatamente después de contar la historia del éxodo, cantan un cántico llamado «Dayenú», que significa «nos hubiera bastado». En un formato interactivo, el pueblo cantaba «Dayenú, dayenú, dayenú» como respuesta a catorce líneas diferentes. En cada línea, el director declara un acto de la salvación de Dios y la gente responde «Dayenú»: si Dios se hubiera detenido ahí, nos hubiera bastado.

Si solo nos hubiera rescatado de Egipto sin castigar
a los egipcios...

Si solo hubiera castigado a los egipcios sin destruir
a sus dioses...

Si solo hubiera destruido a sus dioses sin matar
a su primogénito...

Si solo hubiera matado a su primogénito sin darnos
sus propiedades...

Si solo nos hubiera dado sus propiedades sin abrir
el mar...

Si solo hubiera abierto el mar sin traernos por tierra
seca...

Si solo nos hubiera traído por tierra seca sin ahogar
a nuestros opresores...

Si solo hubiera ahogado a nuestros opresores sin
sostenernos en el desierto durante cuarenta años...

Si solo nos hubiera sostenido en el desierto por cuarenta años sin darnos el maná para comer...

Si solo nos hubiera alimentado con el maná sin darnos
el sábado...

Si solo nos hubiera dado el sábado sin traernos al
monte Sinaí...

Si solo nos hubiera traído al monte Sinaí sin darnos la
Torá...

Si solo nos hubiera dado la Torá sin traernos a la tierra
de Israel...

Si solo nos hubiera traído a la tierra de Israel sin cons-
truirnos el templo...

Hubiéramos estado satisfechos[7].

Con gran efecto acumulativo, el cántico rastrea las
obras poderosas de Dios a través de las generaciones,
contando episodio tras episodio de su bondad al salvar
y establecer a su pueblo. El cántico «Dayenú» sirve como
una liturgia poderosa de recordación, tanto estimulando
la gratitud a Dios por sus acciones como reafirmando la
esperanza sin importar lo que venga.

Recordar la bondad de Dios es el fundamento de la confianza de un pueblo que ha sufrido muchos hornos a manos de muchos reyes. Recuerdan lo que Dios ha hecho por su pueblo como si se lo hubiera hecho a ellos. Hasta ahora ha sido bueno, y eso es suficiente para ellos. Es más, ha sido tan bueno que, en sentido dayenú, *aun si* Dios decide suspender las bendiciones de la salvación en su situación actual, la bondad que han experimentado hasta ahora es suficiente.

En el Nuevo Testamento, el apóstol Pablo explica el propósito de las Escrituras: «Todo lo que se escribió en el pasado se escribió para enseñarnos, a fin de que, alentados por las Escrituras, perseveremos en mantener nuestra esperanza» (Romanos 15:4, NVI®). En una escala mayor que nuestra propia vida, las Escrituras detallan la fidelidad de Dios para con su pueblo infiel. La Palabra de Dios es su manera de ayudarnos a recordar quién es y lo que ha hecho mucho antes de que tomáramos el primer aliento.

Así, las Escrituras evitan que limitemos la bondad de Dios a lo que hemos visto o experimentado. Nos recuerdan que su bondad va más allá de nuestros propios deseos, más allá de lo que hemos visto o experimentado. A veces nos sentimos tentados a relacionarnos con Dios de manera *quid pro quo*: «Dios, he hecho esto por ti. Ahora espero que me devuelvas el favor». Pero ese no es Dios; ese es un genio que nos otorga deseos.

Nos desilusionamos si el Dios que «no es seguro pero es bueno» hace algo diferente a lo que queremos. Cuando en lugar de mantenernos fuera del fuego decide mostrarse a sí mismo dentro del fuego, podemos perdernos la bondad de su presencia.

Así que tenemos que volver a las Escrituras para recordar quién es Dios y lo que ha hecho. Recordar así es lo que significa meditar en las Escrituras. Como lo describió J. I. Packer: «La meditación es la actividad que consiste en recordar, en pensar y reflexionar sobre todo lo que uno sabe acerca de las obras, el proceder, los propósitos, y las promesas de Dios, y aplicado todo a uno mismo»[8].

La meditación cristiana no tiene nada que ver con vaciar la mente. Más bien, recordamos todo lo que Dios ha hecho por nosotros y lo que ha sido para nosotros cuando recordamos cómo actuó en las Escrituras: las promesas que hizo y su fidelidad para no dejar que esas promesas se queden sin cumplir. Así, llegamos a estimar las Escrituras no solo como un conjunto de principios teológicos o la historia del Cercano Oriente, sino como nuestra historia. El Dios de la Biblia es el Dios que adoramos y admiramos. No ha cambiado, cualesquiera que sean nuestras circunstancias.

LA CERCANÍA DE LA BONDAD

Recordar la bondad de Dios no solo es un ejercicio monástico para practicar en silencio y soledad, aunque ese es un lugar poderoso donde hacerlo. Yo tuve que aprender a recordar durante mi ingreso en la comunidad de los dolientes. Cuando el hombre que me enseñó a nadar falleció, el dolor amenazó con ahogarme. Mi héroe, el padrino de mi boda, recibió la ciudadanía poco envidiable en la tierra del cáncer, y me pareció que el mundo se me caía encima.

Murió poco a poco durante el verano de 2017. Fue ingresado en el hospital para una operación de rutina y nunca salió porque los pulmones le fallaron. En esa ironía demasiado conocida y dolorosa de la vida, mientras que nos preocupábamos por su cáncer intestinal, fue otra parte del cuerpo la que lo mató. Durante los dos meses antes de su fallecimiento, yo experimenté una lucha constante entre el miedo y la esperanza en el escenario de mi corazón. Uno de los dos ganaba, solo para declarar una revancha la próxima hora. A veces parecía que le iban a dar de alta y en la próxima hora era condenado a pasar más tiempo en la sala de cuidados intensivos.

Lo que me sostuvo en todo esto, los inicios y paradas de mejoras prometedoras y empeoramientos, fue recordar la bondad de Dios. Frente al fuego abrumador, tuve que recordar quién es Dios. Pero ¿dónde buscamos la bondad de Dios cuando tu papá está entubado y los días se convierten en semanas, y luego en meses? ¿Cuando el resultado no es lo que esperabas?

Tuve que mirar más allá de mis circunstancias, hacia el pasado, para poder ganar confianza para el presente y el futuro. Durante los viajes en auto para visitarlo al hospital recordaba las bondades de Dios para mí y para mi familia a lo largo de los años. Me hice una lista de himnos de alabanza que declaraban la ayuda y el consuelo de Dios siempre presente.

Recuerdo que, en su bondad, Dios había plantado en mis padres el sueño del inmigrante y los trasplantó a Estados Unidos. Los dirigió y los sustentó cuando dejaron atrás a sus familias para establecerse en un país donde ni siquiera conocían el idioma, soportando el racismo de ser tratados como extranjeros perpetuos. Trabajaron largas horas en todo tipo de trabajos. Y en medio de todo aquello, Dios los preservó.

Dios sostuvo a nuestra familia en medio de etapas cuando pensamos que nuestros padres se desgarrarían a causa de las pérdidas financieras, dificultades conyugales y traición. No triunfamos en todas las circunstancias ni evitamos nuestra cuota de cicatrices y disfunción.

Aun así, mi hermana y yo sabemos que aunque nuestros padres casi destruyen a nuestra familia por causa de una serie de errores y malas decisiones, la bondad de Dios permaneció.

Y si Dios había sido tan bueno hasta ahora, tantas veces a pesar de nosotros mismos, ¿cómo podríamos dudar de él ahora? Su bondad no nos salvó del problema, pero nos sostuvo. La bondad de Dios no necesariamente excluye las lágrimas. Pero su corpus de obra es suficiente para confiar en él. Durante los instantes antes de que papá diera su último aliento, mi familia estaba alrededor de su cama compartiendo el pan y la copa, el sacramento que nos recuerda precisamente la bondad de Dios. Meditamos acerca de cómo Jesús buscó a los pecadores solitarios, cómo lloró con los que lloraban, cómo tuvo compasión por su pueblo doliente. Con un nudo en la garganta y lágrimas en los ojos cantamos himnos antiguos, cánticos que declaran la historia de su bondad para con el mundo.

Aun hoy, en mi caminar por el camino del dolor (aprendiendo a soportar las olas impredecibles de dolor y cuidando de su viuda al mismo tiempo) confío en que la bondad de Dios me sostendrá en medio de lo que venga. Confío en él aunque no sé cómo terminará todo esto. Quizá Dios no sea predecible, pero es bueno.

¿Has experimentado la bondad sostenedora de Dios? Quizá no percibiste en el momento la bondad de Dios hacia ti. Pero al mirar atrás, espero que puedas ver el acumulativo cántico dayenu sostenedor de Dios. Quizá en forma de resistencia o consuelo. Provisión o protección. Una palabra oportuna, una promesa de esperanza, la presencia de un amigo que se siente contigo en las cenizas.¿Puedo animarte a que mires aún más atrás? No importa cómo se vea la constelación de momentos dayenu en tu vida; si eres creyente en Cristo tienes la misma Estrella del Norte que yo. Aunque ambos tenemos un cántico dayenu compuesto de versos singulares, todos tenemos el mismo verso como fundación.

Si solo tuvieras la promesa de redención y restauración...
   dayenú.
Si solo hubieras venido en la carne para andar entre
   nosotros... dayenú.
Si solo hubieras sido tentado en todo y no pecado... dayenú.
Si solo hubieras simpatizado con nuestras debilidades...
   dayenú
Si solo hubieras sanado a los enfermos... dayenú.
Si solo hubieras hablado del reino de Dios... dayenú.
Si solo hubieras hecho el sacrificio por los pecados...
   dayenú.
Si solo nos hubieras perdonado... dayenú
Si solo hubieras vencido la muerte al resucitar
   de la tumba... dayenú.
Si solo nos hubieras adoptado como hijos e hijas... dayenú.

En cada paso del drama de la historia de los Evangelios, Dios muestra su bondad hacia una humanidad perdida, rebelde y quebrantada. Y luego demuestra la plenitud de su amor, la culminación de su bondad en la cruz, perdonando a pecadores y castigando el pecado.

La primera parte de la declaración *aun si* descansa sobre esta realidad objetiva: Dios demostró su bondad y su amor salvándonos de la muerte que el pecado exigía. Esto significa que, pase lo que pase, ¡mi identidad y mi seguridad están fundadas en la obra inmutable y satisfactoria de Cristo en la cruz!

La noche que Jesús fue traicionado hizo un llamado a sus discípulos a recordar (Lucas 22:19). Cuando tomamos del pan y de la copa recordamos la bondad de Dios tanto en el pasado como el futuro; la gratitud y la esperanza se juntan en esa cena.

Miramos hacia atrás en gratitud, al gran sacrificio del Hijo de Dios por nosotros; el Hijo del hombre que fue traicionado y dio su vida como rescate por nosotros. Dios pagó el precio supremo por mi bien supremo. Recordamos la bondad de Dios en sus hechos pasados de salvación.

También tenemos la esperanza de su venida, el día cuando no tengamos que participar de este rito como recordatorio porque cenaremos con Él cara a cara. Eso significa que no importa lo que enfrentemos hoy: sabemos que al final terminará con una invitación para cenar con Dios en su mesa. Recordamos la bondad de Dios en lo que está por venir.

Deja que esos recuerdos formen la esperanza de que Él te puede salvar de lo que estés atravesando ahora. *Aun si* esa salvación se demora o llega de forma diferente a lo esperado, Dios es bueno y continuará siendo bueno para contigo.

Más que una resolución de Año Nuevo 3

«**NO PUEDO HACERLO.** Me doy por vencido», declaró mi hijo Benjamín frustrado, tirando la ropa sin doblar de nuevo hacia la pila. Mi amado tercer hijo es fuego y hielo, o todo o nada. Cuando algo lo cautiva, buena suerte si tratas de alejarlo. Puede estar sentado durante horas jugando con sus Lego, construyendo, destruyendo y volviendo a construir una variedad sin fin de escenarios donde los villanos encuentran su derrota.

Cuando se da por vencido con algo, es como si nunca hubiera existido. Si no puede resolverlo, lo abandonará por completo. Allí sentado frente a la pila de ropa recién lavada, sacó la bandera blanca ante su ropa interior de Kung Fu Panda.

Mientras se levantaba como un resorte para jugar con sus Lego, las palabras de mi esposa lo congelaron, dejándolo en cuclillas en una posición de yoga: «No vayas a ninguna parte. Inténtalo otra vez. No te rindas con tanta facilidad».

Después de un poco de discusión mutua, volvió a tirarse al suelo, obedeciéndola a regañadientes. En nuestra casa decimos que obedecer a regañadientes es obedecer al fin y al cabo, un principio que literalmente les ha salvado la vida a nuestros cinco hijos en diferentes momentos de rebelión.

«Lo que te falta no es la capacidad, Ben. Es la resolución de aprender. Inténtalo de nuevo hasta que te salga bien». Con la paciencia de un instructor bien pagado, mi esposa le enseñó a doblar su propia ropa, detallando con sumo cuidado cada paso. Nuestra vida jamás ha vuelto a ser la misma.

A lo largo de nuestro camino como padres, hemos tenido que enseñarles a nuestros hijos a que estén dispuestos a contribuir con las labores domésticas: sacar la basura, lavar los platos, pasar la aspiradora, limpiar sus habitaciones y otras tareas. A veces, como cuando tuvieron que aprender a doblar la ropa, necesitaban la disposición de insistir en una tarea que no les era conocida para aprender a hacerlo bien. La mayoría de las veces necesitaban estar dispuestos a hacer algo que no tenían deseos de hacer en el momento. La determinación es una habilidad importante para la vida.

La determinación también es una parte importante de la fe. Es el poder de la voluntad que mana de una creencia profunda. A veces la podemos ver cuando nos negamos a comprometer nuestras convicciones, esas creencias profundas acerca de cómo debemos vivir y cómo debemos tratar a otros. Otras veces, la determinación puede parecerse un poco a la resistencia, la fuerza resiliente que no deja que nos ahoguemos aunque el agua esté por encima de nuestra cabeza.

Aunque en general es vista como un atributo noble, la determinación es solo tan admirable como las creencias que la alimentan. A la gente que se cree perseguida por el mundo la ven como paranoide. Los que rehúsan tomar precauciones de seguridad porque creen en su propia invencibilidad se les ven como necios y descuidados. Según la creencia que la sostenga, la determinación puede ser terquedad o determinación contra viento y marea.

La vida *aun si* está marcada por la determinación que surge de la profunda creencia en la bondad de Dios.

En el capítulo anterior traté de definir lo que es la bondad de Dios, con la esperanza de que pases el resto de tu vida explorando y disfrutando su bondad más profundamente. La primera parte de la declaración *aun si* es la confianza en la bondad de Dios, y la segunda parte es la determinación de adorar a nuestro Dios bueno aunque la vida no nos vaya como la imaginamos. Sin la creencia en la bondad de Dios, no puede haber determinación duradera para adorarle.

Las dos partes de la declaración *aun si* van de la mano. Si dudas de la bondad de Dios, puedes comenzar a creer que has sido abandonado y debes enfrentarte al fuego tú solo, con tus propios recursos para salvarte a ti mismo. Sin determinación, puedes rendirte frente al fuego e irte al otro extremo de evitar el dolor desde un principio. Con un poco de optimismo miope, podrías negarte a reconocer los hornos por lo que son: calientes, incómodos y mortales.

En Daniel 3, aunque Sadrac, Mesac y Abednego confiaban en que Dios los podía salvar, dejaron abierta la posibilidad de que no lo hiciera. Ellos creían en un Dios cuya bondad iba mucho más allá de su experiencia con Él. No sabían cómo se desenvolvería la historia. Pero con determinación firme, estos tres jóvenes declararon su intención de adorarle sin importar el resultado. Aquí tienes una manera aún más simple de poner la declaración *aun si*:

Nuestro Dios nos puede salvar (*la creencia en la bondad de Dios*), pero *aun si* no lo hace, no adoraremos a ningún otro Dios (*determinación*).

Este capítulo considera lo que significa la determinación *aun si*. Como ya hemos visto, la determinación puede tomar varias formas: terquedad, fortaleza, resistencia y convicción son solo unas pocas que se me ocurren.

Es igual de cierto cuando se trata de la fe impulsada por la determinación. Es más, los creyentes sinceros piensan (y te dirán con agrado) que tal determinación es la fortaleza de tu voluntad para atravesar aquello que enfrentes. Lo que sale de esto es un montón de dichos apócrifos:

«Ayúdate y Dios te ayudará».

«Dios nunca te dará más de lo que puedes resistir».

«Dios usará esto para algún bien mayor».

«Piensa en cuántos podrás ayudar como resultado de esto».

En su libro de memorias del cáncer, *Todo sucede por una razón*, Kate Bowler, profesora de la universidad Duke, describe estas respuestas escalofriantes[1]. Durante el tratamiento de un cáncer en estadio 4, decidió registrar su experiencia y mandarla al diario *New York Times* como un artículo de opinión. El resultado fue una letanía de comentarios y testimonios destinados a fortalecer su determinación, muchos sin éxito.

Alguna gente trató de minimizar su batalla recordándole lo que tenía: «Al menos tienes un hijo» o «Al menos pudiste recibir tratamiento». Su sufrimiento estaba siendo puesto en una balanza donde, mientras que su situación fuera mejor que la de otro, su determinación tenía fundamento. La lógica decía que lo podía soportar porque tenía muchas otras ventajas de las que carecía el escritor de la carta.

Otros trataron de fortalecerla diciéndole que se animara y siguiera hacia adelante. Que no era tan malo como ella lo describía. Un ejército de imitadores de Tony Robbins le dieron charlas diciéndole que puesto que ellos habían vencido algo similar o peor (en sus propios ojos), ella podía soportarlo.

Aun otras respuestas trataron de usar su vulnerabilidad para buscar un momento de enseñanza. Estos llamados «profetas» le señalaron la lección que seguramente Dios tenía para ella. Y gracias al valor de esta lección, ella podía aguantar y soportar el doloroso proceso del tratamiento. Y si no sobrevivía, aun en su muerte habría una lección que otros podrían aprender.

Aunque es posible que salieran de intenciones sinceras y parecieran mostrar compasión en el momento (al menos en la cabeza de quienes las escribieron), en el mejor de los casos todas estas respuestas parecían sordas en su intento de fortalecer la determinación.

Una señal clara de los intentos de formar esta «pseudodeterminación» son las comparaciones de las que se derivan. La fuerza de los consejos o el ánimo recibido viene de comparar nuestra situación con la de otros (casi siempre la de ellos). Escucharemos anécdotas de cómo alguien se topó con una situación similar o más difícil y salió triunfante. (Casi nunca oímos de los que no sobrevivieron). Nos convencemos de que como estamos mucho mejor que otros, podremos vencer. La pseudodeterminación viene por medio de una charla positiva.

Sin embargo, la determinación que sale de estas comparaciones es frágil, pues el objeto de la comparación siempre cambia. Nuestra situación y la situación de aquellos con quienes nos comparamos fluctúan. Además, las comparaciones son subjetivas y, como la belleza, vienen determinadas según el cristal con que se mire, para bien o para mal.

Cuando estos clichés y enfoques motivacionales no resultan en la determinación deseada, a veces estos consejeros nos abandonan, como si fuéramos casos sin esperanza de poca fe. Después de todo, los cristianos somos famosos por abandonar a nuestros heridos.

Yo creo que existe una mejor forma. El único fundamento duradero para lograr una determinación perseverante y llena de fe vendrá de la naturaleza inmutable e incomparable de Dios. Cuando el carácter de Dios nos da la perspectiva y la fortaleza desde fuera de nuestra propia situación, la determinación es firme. Esa determinación no descansa en nuestra fuerza de voluntad, ni siquiera en nuestro entendimiento de la situación, sino en nuestra confianza en la bondad de Dios.

RECONOCE LA IMITACIÓN

Después de graduarme de la universidad viví en Asia unos dos años, y antes de adquirir sabiduría, una de mis actividades favoritas era comprar imitaciones. Aunque no me interesaban mucho los artículos de diseñadores, me gustaba el reto de encontrar copias difíciles de distinguir a un precio alarmantemente barato. Puede que le haya regalado una bolsa, o tres, a mi familia a mi regreso.

También me gustaba encontrar las versiones horribles: una bolsa «Guci» (así de mal escrito), una camisa con el logotipo de «Nice Air» hecha por alguien cuyo conocimiento de la fonética inglesa estaba claramente ausente. Durante esos años siempre tuve un par de gafas de sol «Fay-Ban» conmigo, y un reloj «Faux-lex» en la muñeca.

La cosa de las imitaciones es que nunca duran como el producto original. Yo estaba bien apercibido de esto cuando iba de compras, así que regateaba el precio como si fuera un experto en negociaciones de comercio. La camiseta de imitación del Barcelona quizá me dure unos meses o soporte unas cuantas lavadas antes de que las letras comiencen a despegarse. El reloj dejará de funcionar. Las costuras se desharán. La cuestión es que nadie se queja de la calidad de una imitación, pues uno recibe aquello por lo que paga. Casi como que sabemos que no durará. Cuando se rompe, compramos otro. No hay problema.

Desde entonces he aprendido por qué comprar artículos falsos es indebido: la forma en que promueve el elitismo de marcas, viola las patentes y derechos, y alimenta un consumismo no saludable. El dinero de las imitaciones también puede financiar otras actividades ilegales. Un pasatiempo de compras que parece ser inocente puede tener consecuencias muy dañinas.

Las consecuencias son mucho más serias para las cosas importantes de la vida. Nadie quiere tener virtudes imitadas. El amor falso destruye el corazón, lo endurece, y no le deja tener intimidad verdadera. La bondad pirateada limita las relaciones al intercambio de placeres, y mantiene la relación sin profundidad. La lealtad falsa lleva a la peor clase de traición. Hasta la determinación puede ser falsificada.

Esta determinación falsa a veces se disfraza de una fe superconfiada que no acepta la posibilidad de que Dios no haga lo que quieres. Declaraciones como «Sé que Dios hará...» o «Dios no hará...» revelan una certeza osada de que Dios no obrará de otra manera. Esa fe puede parecer triunfalista e irreal, un tipo de esperanza falsa.

Tuve el honor de llorar con una amiga mientras ella andaba con su esposo por el valle de sombra de muerte. Desde su diagnóstico hasta su partida, el camino duró dos meses cortos y dolorosos. La determinación de mi amiga era maravillosa. Citaba versículos bíblicos y nos aseguraba que su fe era sólida porque sabía que Dios lo sanaría. Se negaba a ver otra posibilidad.

Al principio, parecía una determinación firme y llena de fe frente a un enemigo fuerte. Pero esa determinación estaba fundada sobre la creencia de que Dios haría exactamente lo que ella creía que Él podía hacer. Todavía no había tomado la determinación de adorar a Dios sin importar el resultado. Tan convencida estaba de que Dios no la dejaría entrar en el horno, que se estaba perdiendo la oportunidad de experimentarle dentro del fuego. Dios quería encontrarse con ella en su temor, su ira, su desconsuelo y su dolor. Ella quería encontrarse con Él solamente en el triunfo de una sanidad milagrosa.

Entiendo que aquí hay tensión. Queremos continuar creyendo que Dios puede sanar, pero también queremos prepararnos para la posibilidad de que no lo haga. ¿Cómo podemos vivir fielmente en esa tensión sin convertirnos en cínicos o perder el contacto con la realidad?

Durante las dos semanas previas a la muerte de su esposo, algo cambió en la fe de mi amiga. No dejó de citar las Escrituras ni escuchar música de inspiración. Continuó animando a otros, pero con una sobriedad que no tenía antes. Había muchas más lágrimas intercaladas con sus palabras tiernas y suaves. Un sentido de pérdida acompañaba los tiempos de gratitud.

La mayoría de los espectadores dirían que por fin había aceptado la realidad de que su esposo moriría, pero yo creo que algo más profundo estaba tomando forma. No solo era la realidad de la muerte de su esposo lo que se había despertado, sino también la realidad de que el Dios a quien habían servido juntos por tantos años estaba con ella y era digno de su adoración *aun si* su esposo moría. Decidió adorarle aun en las cenizas, aun con sus lágrimas. Decidió soportar todos los altibajos porque creía que Dios le daría todo lo que necesitaba. El optimismo triunfante se transformó en determinación genuina.

¿Cómo podemos distinguir el optimismo triunfante de la determinación genuina? En especial cuando la imitación parece tener tanta esperanza y confianza. Cualquier inspector te dirá que la mejor manera de distinguir entre una imitación y un original es estudiar el original. Toma tiempo para entender de verdad las características de lo auténtico y podrás descubrir lo falso.

La determinación *aun si* comienza cuando reconocemos el verdadero problema, las dudas y los temores que enfrentas. Reconocemos nuestra inseguridad acerca de cómo resultarán las cosas sin postrarnos ante la desesperación que nos quiere dominar. Permíteme expresar lo obvio: la determinación de adorar a Dios viene precisamente en el momento cuando nuestra confianza en la bondad de Dios parece tambalear.

Uno no decide hacer algo sin ser retado o amenazado. La convicción y la fortaleza son virtudes que desarrollamos cuando la vida trata de convencernos por la fuerza de rendirnos o comprometernos. Cuando tu confianza en la bondad de Dios es retada por el verdadero calor y las llamas del horno que está frente a ti, tienes tres opciones:

- Dejarte intimidar por la situación y perder tu confianza en Dios.
- Ignorar o minimizar la dificultad de la situación.
- Llamarla por su nombre y decidir confiar en Dios, quien ha sido bueno contigo hasta ahora.

Así, la determinación cobra sentido y cree las promesas de Dios con una medida de coraje y sobriedad. Así como la fe genuina y bíblica vive con un pie en la realidad de la vida en este mundo quebrantado y el otro en la realidad con forma de resurrección del reino presente y futuro de Dios, la determinación que resulta será tanto terrenal como celestial.

Cuando tomamos la determinación, elegimos vivir en la confianza de la bondad de Dios. Decidimos adorar a Dios *aun si* la situación difícil no se resuelve ni resulta como queremos. Y al hacerlo, traemos nuestros temores y nuestras desilusiones, eligiendo confiar en el Dios que nos ama y será bueno con nosotros.

La determinación en el sentido de *aun si* involucra rendición, y no debemos confundirla con su propia imitación única: la resignación. La resignación es la actitud pasiva y fatalista de «lo que será, será» que se niega a tomar la responsabilidad. Su lema es: «Todo sucede por un motivo». La rendición es la respuesta confiada que dice: «No importa lo que pase, yo confío en el Dios que lucha por mí». La rendición es una decisión activa, es entregar tus planes, tu oposición y hasta tus deseos.

La resignación es como virarte de lado, esperando que la voluntad del destino no te golpee demasiado fuerte. Como es pasiva, no necesitas volver a comprometerte con la resignación como lo haces con la rendición. A menudo tendrás que rendirte una y otra vez, cada vez decidiendo confiar en la bondad de Dios. La entrega implica morir al deseo de controlar. Y a medida que te rindes con cada nuevo desafío, experimentarás el poder de la determinación genuina: esa que no fluye del poder de tu voluntad, sino de entregarte a la suya.

SÉ EL MEJOR PREDICADOR QUE CONOCES

Los hijos de Coré nos mostraron la belleza de la determinación en medio de la complejidad de la vida. En el Salmo 42 declararon su intenso anhelo de Dios, como un ciervo que anhela las corrientes de las aguas (versículo 1). Parecía que Dios estaba distante. Abundaban las lágrimas. Recordaban con nostalgia cuando Dios era celebrado con un desfile digno de un equipo campeón. Gozo. Alabanza. Voces de alegría.

Pero el recuerdo era como un lamento doloroso de tiempos pasados, lo que quedaba de lo que habían perdido.

Podía haber sido así entonces, pero ya no más. Este anhelo de Dios es la clase de anhelo que experimentamos en un servicio fúnebre o un velatorio, no en el anticipo de un nacimiento.

Ahí se muestra la determinación:

¿Por qué te abates, oh alma mía,
y te turbas dentro de mí?
Espera en Dios; porque aún he de alabarle,
salvación mía y Dios mío (versículos 5–6).

Frente a la realidad de la pérdida, los hijos decidieron esperar en el Dios que salva. Literalmente les hablaron a sus almas.

En la segunda parte del salmo lucharon con el sentimiento de haber sido olvidados por Dios, aumentado por un enemigo que no dejaba de oprimirlos. En un tono muy conocido, el salmista pregunta por qué: «¿Por qué te has olvidado de mí? ¿Por qué andaré yo enlutado por la opresión del enemigo?» (versículo 9). Llamaron a la situación por su nombre.

En forma de *crescendo*, los hijos repiten el estribillo y nos hacen recordar su determinación:

¿Por qué te abates, oh alma mía,
y por qué te turbas dentro de mí?
Espera en Dios; porque aún he de alabarle,
salvación mía y Dios mío (versículo 11).

La determinación rehízo le queja.

En el Salmo 43, los hijos afirmaron con confianza su esperanza. Dios los vindicaría. Los restauraría. Los defendería. Su anhelo cambió de lo que era a lo que podría ser. Añoraban un futuro en particular, uno que sabían que Dios podía traer porque era su salvación y su Dios. Llamar a una situación por su nombre y confiar en Dios sin importar los resultados, no quita que le expresemos nuestros deseos. Es más, entregarle nuestros deseos requiere que los nombremos.

Pero aun con tales declaraciones, hacía falta determinación. Le ordenaron a su alma una vez más que esperara en Aquel que podría darles el futuro que deseaban:

> ¿Por qué te abates, oh alma mía,
> y te turbas dentro de mí?
> Espera en Dios; porque aún he de alabarle,
> salvación mía y Dios mío (versículo 5).

La misma determinación sostiene el dolor por lo que fue, la angustia por lo que es, y el anhelo de lo que pudiera ser.

De esta forma, estos dos salmos nos muestran un cuadro robusto de la determinación *aun si*. «*Aun si* nunca regreso al lugar donde estaba, aun si mis enemigos me oprimen ahora, aun si el futuro que deseo no sucede, mi esperanza está en el Dios que fue, es y será mi salvación». Hablando literalmente a sus propias almas, volvieron a recordarse que tenían que esperar en Dios.

David Martyn Lloyd-Jones lo dijo de forma simple: «Gran parte de nuestra infelicidad en esta vida se debe a que estamos escuchándonos a nosotros mismos, en vez de dialogar con nosotros mismos»[2]. Aunque estaba hablando de la depresión espiritual, creo que su diagnóstico también puede aplicarse a hacer crecer nuestra determinación. En vez de escucharnos a nosotros mismos, necesitamos predicarnos a nosotros mismos. «¿Por qué te abates, oh alma mía? Espera en Dios». Es más fácil decirlo que hacerlo.

Todos tenemos un monólogo interno por el que interpretamos el mundo a nuestro alrededor. Interpretamos los eventos que nos suceden, las palabras que nos dicen, aun las expresiones no verbales. Nuestros monólogos a menudo son formulados alrededor de una narrativa que se repite, las historias que nos contamos a nosotros mismos acerca de quiénes somos. Durante todo el día, las voces en la cabeza nos hacen coloridos comentarios acerca de por qué este dijo aquello y cómo debemos responder.

Esas voces internas amplifican y minimizan. Amplifican la duda y condenación propias, y minimizan la verdad de cualquier retroalimentación que nos dice que es nuestra culpa; nos declaran fracasados e indignos de amor a la vez que nos dicen por qué la culpa es de otro. Y siempre las creemos porque suenan como nosotros. Es más, aceptamos su interpretación y veredicto sin cuestionar, al punto de que probablemente puedo dejar de decir «Nos dicen…» y simplemente decir «Nos decimos a nosotros mismos…».

Lo que sugiere Martin Lloyd-Jones y los hijos de Coré demostraron es que, en vez de escuchar los pódcast de nuestra propia voz, debemos suscribirnos a la verdad de la Palabra de Dios. Debemos aprender a predicar por encima de las voces que estamos acostumbrados a escuchar.

Tú tienes la oportunidad de construir una biblioteca de pequeños sermones momentáneos recordándote la bondad y la cercanía de Dios. Nadie más necesita saber. No tienes que ser famoso. Ni siquiera tienes que predicarte los sermones en voz alta, aunque no me sorprendería si salen en pequeñas perlas de aliento para los demás. Si los repites con frecuencia, puedes convertirte (y yo insisto: debes convertirte) en el mejor predicador que conoces.

Predícate a ti mismo como una manera de recordar la verdad, aun frente a lo que parece todo lo contrario. Predícate a ti mismo para poder creer aquello que es cierto sin importar tu opinión, sin importar lo que dicen tus propias voces. La determinación crecerá en la tierra de los pequeños sermones que te prediques a ti mismo.

Y mientras te exhorto en esto, te anticipo que te enfrentarás al mismo dilema que enfrenta todo aspirante a predicador: dónde encontrar buen material. No tienes que buscar muy lejos. Si reflexionas en la bondad de Dios con más detalle, tendrás todo el contenido que necesitas.

¿Qué has hecho por mí últimamente?

Como vimos en el capítulo anterior, la bondad de Dios va más allá de tu propia experiencia, más allá de lo que Dios ha hecho por ti personalmente. Esto significa que puedes sacar de un corpus de obra mucho mayor.

Una buena manera de decirlo es que la bondad de Dios tiene peso objetivo y subjetivo. *Objetivo* hace referencia a la calidad innata de sí mismo. *Subjetivo* se refiere a tu propia opinión, a menudo basada en el beneficio que recibirás de algo. Una crítica objetiva de tu sentido de la moda puede basarse en las últimas tendencias y el costo de hacerte un ropero. Una crítica subjetiva se basa en los colores que te gustan y en tu creencia firme de que debes evitar las pajaritas de clips si eres mayor de diez años.

En muchos casos nuestra sociedad de consumo pone lo subjetivo por encima de lo objetivo. Gran parte de nuestro sentido de lealtad a alguien o a algo viene determinado por la satisfacción o no de nuestras necesidades. «¿Cómo me beneficiará esta relación? ¿Qué hay para mí en ella?». En una relación de consumo, mis necesidades subjetivas son de suprema importancia, o la relación terminará.

Podemos incluso relacionarnos con Dios principalmente en el nivel subjetivo, y hasta en el nivel de consumo, como si Él fuera el proveedor divino de servicios espirituales. En esta clase de relación, definiré la bondad de Dios basada en lo subjetivo, o cómo he experimentado su bondad en mi vida: las bendiciones (según mi propia definición) que Dios me ha dado o cómo me hace sentir.

En el siglo XVIII, el pastor y erudito Jonathan Edwards describió la dinámica de disfrutar de Dios tanto de manera objetiva como subjetiva[3]. Explicó que una de las señales más ciertas de la obra de Dios es un deseo basado en la persona de Dios, con muy poco o ningún deseo de beneficio o interés propio (subjetivo). El deleite objetivo de Dios viene cuando reconocemos su bondad inherente, ya sea que sintamos o no que la hemos experimentado.

El disfrutar de Dios de forma objetiva y subjetiva no tiene que ser mutuamente exclusivo. En realidad, ambas opciones van de la mano y se guían una a la otra. Nos regocijamos en Dios por la excelencia de su carácter. Él personifica la belleza. No hay nada ni nadie más puro, fiel, maravilloso o sabio. Es justo, y todo lo que hace lo hace desde la perfección de su carácter. No tiene principio ni fin. Es paciente. No hace nada indebido. ¡Es bueno! Y eso no depende de cómo es mi vida. Así es Él. Objetivo.

Sin embargo, esa perfección y excelencia tienen un beneficio subjetivo para mí: Él me muestra su misericordia. Puedo depender de Él porque no me abandonará. Su plan soberano es suyo para revelarlos. Solo Él puede transformar mi corazón. Su fidelidad me sostiene a través de incontables momentos dayenú. Su perdón me permite perdonar a otros. En este sentido, lo objetivo es el fundamento de lo subjetivo, y lo subjetivo le da expresión a lo objetivo.

Podemos resumirlo así:

Subjetivo: Te adoro *por lo que* has hecho por mí.
Objetivo: Disfruto de ti *por quien* eres.

¿Qué te viene a la mente cuando piensas en la bondad de Dios? ¿Es principalmente subjetivo u objetivo? Si tu respuesta es «subjetivo», no estás solo. Creo que la mayoría de nosotros fabricamos nuestra relación con Dios alrededor del disfrute subjetivo. Escucha los testimonios de la gente y te dirá cómo Dios la salvó y la cuidó personalmente. Esto no es malo. Nuestro Dios es personal y obra en nuestra vida de miles de formas.

La confianza y determinación que forman la declaración *aun si* vienen de vivir en el ritmo de disfrutar la bondad de Dios de manera objetiva y subjetiva. Necesitamos lo objetivo porque su bondad no siempre se ajusta a nuestras expectativas ni a nuestros deseos. En tiempos como esos, la determinación de adorarle viene de nuestro disfrute objetivo: Él se merece nuestra adoración por quien es, sin importar lo que estamos experimentando.

Sadrac, Mesac y Abednego decidieron adorar a Dios por su convicción de que Él era digno de ser adorado *aun si* no tenían lo que querían. Aunque Dios había permitido que su ciudad fuera capturada, ellos decidieron estar firmes sobre la verdad objetiva de que Él es bueno, aunque su experiencia subjetiva significaba que iban a morir en el fuego. No había duda en sus mentes de quién merecía su adoración exclusiva. Su determinación manó de la confianza en el mérito objetivo de Dios.

Todos podemos hacer crecer nuestro disfrute de Dios por medio del estudio. Por fortuna, hay muchos hombres y mujeres que han ido delante de nosotros buscando entender y describir a Dios. Quizá quieras comenzar con un estudio acerca de los nombres de Dios a través de la Biblia, o quizá quieras profundizar con un estudio de teología sistemática que categoriza sus atributos. Crecer en el disfrute objetivo de Dios es más que una búsqueda intelectual. Considéralo como una forma de hacer crecer tu confianza en la bondad de Dios.

C. S. Lewis lo describió así: «Se supone que debemos "dar gracias a Dios por su gran gloria" como si tuviéramos que estarle más agradecidos por ser lo que Él es necesariamente que por cualquier don especial que nos conceda; y así lo hacemos, y conocer a Dios es saber esto»[4].

En la encrucijada

Permítame ofrecer un último cuadro de cómo el disfrute objetivo y subjetivo de Dios fortalecen la determinación. La buena noticia de cómo Dios vino a salvarnos tiene elementos subjetivos y objetivos. El escritor de Hebreos señala el ejemplo de la determinación de Jesús como una forma de darnos ánimo. «Corramos con paciencia la carrera que tenemos por delante, puestos los ojos en Jesús, el autor y consumador de la fe, el cual por el gozo puesto delante de él sufrió la cruz, menospreciando el oprobio, y se sentó a la diestra del trono de Dios» (12:1–2).

Jesús tomó la determinación de sufrir la cruz, confiando en el gozo que tenía delante de Él. Sufrió la vergüenza y la brutalidad de la crucifixión. No había en esto ningún disfrute subjetivo. Pero su confianza en la sabiduría, la justicia y la fidelidad de Dios le dio la determinación para sufrirla. Puso sus ojos en el gozo prometido. Eso no hizo que el dolor de la cruz fuera menor, pero fue suficiente para soportarlo. La bondad objetiva de Dios fortaleció su determinación a pesar de que el beneficio subjetivo vendría solo después de la muerte horrible y sacrificial.

Y la determinación de Jesús nos da la fuerza para correr nuestra carrera. Así como Jesús decidió obedecer la voluntad de Dios por su confianza en el plan de Dios, nosotros tenemos el llamado a correr nuestra carrera con la misma confianza. Podemos confiar en la bondad de Dios, pues a través de la cruz, Dios nos ha hecho un bien eterno.

Él demostró su perfección objetiva: justicia, santidad, misericordia, amor y sabiduría al castigar el pecado. Y nosotros recibimos los beneficios subjetivos: perdón, adopción, reconciliación y redención. La confianza en la bondad objetiva y subjetiva de Dios surge de la intersección de esas dos vigas de madera. En la historia del evangelio podemos disfrutar de ambas. ¿Qué Dios es tan sabio que en el mismo acto castiga el pecado y perdona al pecador? ¿Qué Dios se humilla para pagar el precio de los rebeldes?

Nuestro Dios es justo y misericordioso, poderoso y humilde, lleno de ira por el pecado y rebosante de gracia hacia los pecadores. Objetivamente no hay otro como Él. Y nuestra vida lleva el fruto de mil bendiciones subjetivas que fluyen de lo que hizo por nosotros en la cruz. Él es por nosotros. Nadie nos puede separar de su amor. Nos llama hijos e hijas. Todo esto es nuestro gracias a la determinación de Jesús de hacer lo que el Padre le llamó a hacer.

Es más, la determinación de Jesús fortalece nuestra determinación para declarar nuestro *aun si* mientras cargamos nuestra propia cruz, mientras soportamos nuestro propio sufrimiento. Lo veo en mi propia historia y en las historias de otros a mi alrededor.

Conocí a una talentosa líder de alabanza cuyo amor por dirigir al pueblo de Dios en cántico era superado solo por su devoción a su esposo y sus dos hijas. Después de varios años de matrimonio comenzó a enfermar con frecuencia. Lo que comenzó con dolores en el cuerpo terminó debilitándola, obligándola a quedarse en cama por días. Con el tiempo, la enfermedad dominó todo su cuerpo. Al final, los pulmones comenzaron a fallarle. Mientras orábamos por ella, su esposo envió una carta para contar la difícil decisión que tuvieron que tomar. Fue su propio *aun si*:

> Hoy fue un día largo. Esta semana ha sido un día largo. Este año ha sido un día largo [...] La humanidad no puede hacer nada para salvar a mi esposa. Está fuera de sus manos [...] Ahora está en las manos de Dios. Excepto por un milagro, ella estará glorificando a Dios en su misma presencia este jueves. ¿Por qué el jueves? Bien, hemos escogido esa fecha porque es su cumpleaños, y no hay mejor regalo para ella en estos momentos que

darle la oportunidad de ver a Dios por primera vez en su cumpleaños.

Sé lo que muchos están pensando. ¿Cómo puedo tratar a la ligera un evento tan mórbido y devastador? Porque creo. Creo que el Cristo encarnado murió en una cruz y resucitó de entre los muertos para redimir a su pueblo. Porque tanto mi esposa y yo creemos en el poderoso versículo que saltó en mi teléfono hoy: «Morir es ganancia».

[...] No importa lo que pase, yo amaré a Dios con todo mi corazón, con toda mi mente y con toda mi alma. Ya sea que sane de su enfermedad de los pulmones para morir más tarde o que muera mañana, yo adoraré a Dios. ¿Por qué? Porque no importa lo que pase, Dios seguirá siendo Dios, y esto significa que su justicia, santidad, amor, gracia y soberanía continuarán siendo dignos de mi total adoración. ¿A qué Dios adoras tú?

Ella terminó yendo a su hogar celestial esa semana. Fue un adiós tranquilo y agridulce, mientras que la determinación fue puesta a prueba con la tristeza y la pérdida. La confianza en la bondad de Dios se superpuso a la realidad de un mundo quebrantado. Celebraron su vida y adoraron a Dios en medio de las cenizas.

La determinación de Jesús hace posible la tuya. La bondad de Dios demostrada en la cruz te da el coraje para mirar sobriamente a cualquier horno delante de ti y tomar la determinación de adorarle *aun si*. A veces tu determinación será un grito audaz de resistencia contra un enemigo que te intimida. A veces solo será un susurro débil mientras apenas te aferras. Pero en la fortaleza o la debilidad, tu *aun si* cuenta, porque a través de todo, Jesús te promete que nunca te dejará ni te abandonará (Hebreos 13:5). Él es el Dios que adoramos y en quien confiamos.

SEGUNDA PARTE

EL ENCUENTRO CON NUESTROS *CONTRA SI*

EL SISTEMA DE TRENES subterráneo de Londres se despliega por debajo de la ciudad, conectando varios distritos como un sistema vascular. Al igual que cualquier otro sistema metropolitano de metro, un tren llega a la estación, los pasajeros bajan y nuevos pasajeros suben. El sistema es conocido por su icónico anuncio: *Mind the Gap* [Cuidado con el hueco]. Quizá lo hayas visto en memes o camisetas.

Como muchas de las estaciones tienen plataformas curvadas, inevitablemente se forma un espacio entre la puerta del tren y el andén. El eslogan está grabado en el borde de la plataforma cada treinta centímetros, avisando a los pasajeros del espacio peligroso que hay entre la plataforma donde están y el tren al que quieren subir. Una estación en la Línea del Norte incluso transmite la advertencia por los altavoces con una voz gruñona de los años setenta que dice: «¡Estate atento! ¡Cuidado con el hueco!».

Es una ilustración apropiada para los retos de vivir en el *aun si*. A medida que nuestra confianza en la bondad de Dios y nuestra determinación de adorarle van creciendo, la vida nos tira sorpresas. Inevitablemente debemos estar atentos a la separación entre el tren de la realidad y la plataforma de nuestras expectativas.

Hasta tendremos que estar atentos a las separaciones que otros nos crean con sus propias expectativas. El hijo que vive para ganarse la aprobación de sus padres entiende esto muy bien. Aun cuando llega a adulto, todo lo que hace falta para sentir el vacío es una mirada de desprecio o un comentario pasivo-agresivo. El veredicto es claro: «No cumpliste con lo que esperaba de ti» o «No lo hiciste como el hijo de fulano». El continuo sentimiento de ser un desengaño, ya sea para nosotros mismos o para otros, es lo que hace que ese espacio sea un lugar agotador.

La buena noticia es que el espacio entre lo que esperamos y lo que confrontamos en la realidad es el mismo donde se forma la declaración *aun si*. Después de todo, si la vida siempre resultara como quisiéramos, no necesitaríamos recordar la bondad de Dios ni fortalecer nuestra determinación de adorarle. Es precisamente en nuestro intento de estar atentos que podemos declarar *aun si* o quedarnos atascados en lo que yo llamo *contra si*: el patrón de pensamientos y convicciones que se enfocan en nosotros y no en Dios.

Los *contra si* pueden ser sutiles; ni siquiera te das cuenta de que te dirigen. Vivir en el *contra si* no es una decisión activa e intencional. Se convierte más bien en una forma de lidiar con la vida, una serie de respuestas que con el tiempo van construyendo una colcha de parches. Como la odiosa mala hierba en un huerto, van creciendo sin darnos cuenta hasta que florecen. Pero eso no significa que no sean perjudiciales. Los *contra si* pueden hacer que te sientas atrapado, desilusionado y hasta cínico acerca de tu situación.

Y aunque pueden expresarse de muchas maneras diferentes, los *contra si* se dividen generalmente en tres categorías: *solo si*, *si solo* y *qué tal si*. Los examinaremos uno por uno, considerando cómo nos retienen y cómo Dios puede convertir un *contra si* en un *aun si*. Pero primero, veamos más detalladamente el espacio.

Lo quiero a mi manera

ENVÍO MI ÚLTIMO CORREO electrónico y ya estoy listo para volver a casa y descansar. El sonido que hace el mensaje al esfumarse señala el final del día como la campana de cierre de la bolsa de valores. Rápidamente repaso mi día. *Las reuniones fueron productivas. Dos sesiones de consejería que dirigí parecieron ayudar. El tiempo de estudio se enredó un poco, pero no más de lo normal. Al menos tengo el comienzo de un sermón para probarlo. Me gustaría volver a tener aquella conversación, pero lo hice lo mejor que pude. En general, fue un buen día.*

Más allá de esos aspectos destacados y algún momento más aburrido, estoy demasiado cansado para pensar en mucho más. En conclusión: *Hoy he trabajado duro. Me merezco un poco de descanso.* Si soy sincero conmigo mismo, creo que me merezco un poco de reconocimiento por un día de arduo trabajo. Recojo mis cosas, ordeno mi escritorio y me voy a casa, pensando en lo que me merezco como pago por mi labor. Cada minuto del viaje a casa aumenta mi sentido de derecho. El deseo de descanso y validación le da energía a mi visión de «tiempo personal» y ocio, atenuando cualquier responsabilidad que me espere en casa. *Sería bueno descansar un poco y ser apreciado* se convierte en *necesito descansar y ser apreciado*.

Cuando por fin llego, el deseo convertido en necesidad se ha transformado en todo un decreto: *Lograré el descanso y el aprecio que me merezco. Después de todo,* razono conmigo mismo, *es una simple expectativa: nada más que algo que un siervo sacrificial y trabajador como yo se merece.*

En la cima de mi fantasía casi delirante, imaginaba que mis hijos y mi esposa dejaban lo que estaban haciendo al escuchar la puerta del garaje abrirse, y a coro declaraban al unísono: «¡Salve! Nuestro padre, que ha transformado el mundo hoy y se merece solo nuestra mayor alabanza, ha llegado! ¡Démosle lo que se ha ganado y dejémosle solo!». Al entrar en casa, *exijo* lo que imaginé en el auto.

No necesito decir que la realidad siempre es diferente a mi imaginación. Lo trágico de mi grosero despertar es que cuando no recibo lo que exijo, impongo un castigo, generalmente por medio de una combinación de irritabilidad, desconexión y retiro a mi habitación. *Consecuencias apropiadas, por supuesto, para una familia tan malagradecida por todo lo que he hecho por ellos.*

¿Te fijaste en la secuencia? Lo que comenzó como un deseo sincero de descansar se convirtió en una necesitad, luego en una expectativa y, al final, mostró su horrible cabeza como una exigencia que nadie estaba preparado para saciar[1]. Esta mutación ocurre en muchos aspectos de mi vida, y por la gracia de Dios he mejorado en reconocer cuándo tiene lugar en mi corazón. He llegado a ver que no necesito ni veinte minutos para pasar del deseo a la demanda, a la desilusión y al castigo que resulta. Durante la cuarentena por COVID-19, me sorprendió ver que después de la reunión virtual del día, solo hacían falta unos segundos para completar el ciclo de este «alumbramiento»; la distancia entre mi oficina provisional y la cocina.

Lo que sucede en mis desplazamientos laborales, y en numerosos pequeños episodios en cualquier otro día, puede desarrollarse en otras esferas más significativas durante temporadas más largas de la vida. El deseo puede cocinarse lentamente a lo largo de los años hasta llegar a ser un asado de expectativas que subconscientemente nos gobiernan. Un plan de cinco años puede convertirse en un testamento, nuestro proyecto de felicidad sometido a Dios, no para que lo apruebe, sino para que le dé su visto bueno.

El deseo de casarnos se convierte en la expectativa de cuándo, con quién y cuáles serán los colores de la boda. El anhelo de tener hijos se convierte en la expectativa de cuándo, cuántos y cómo serán. La ambición de una carrera de éxito se convierte en la expectativa de qué habremos logrado a qué edad. La esperanza de la comodidad y la seguridad se convierte en la expectativa silenciosa de gozar de excelente salud en nuestros «años productivos». Aunque podemos describir nuestros deseos de varias maneras (anhelos, esperanzas, ambiciones), la secuencia es similar.

NO CULPES AL GPS

Antes de seguir hablando de los resultados de esta secuencia, permíteme asegurarte que no estoy criticando los deseos. Los deseos en sí mismos no son malos. Es más, es imposible no tenerlos. Las Escrituras presumen que los tendremos: «Deléitate en el SEÑOR, y él te concederá los deseos de tu corazón» (Salmo 37:4, NVI®). Todos deseamos amor, seguridad, propósito y significado. Deseamos ser felices. Aun el deseo de descansar o ser afirmados no es pecado.

Una de las formas en que Dios demuestra su bondad para con nosotros es en cómo satisface nuestros deseos. Sacia nuestros anhelos más profundos de amor e intimidad con una relación con Él. En su bondad, también sacia nuestros anhelos de ser conocidos dándonos los dones de comunidad y amistad. Hasta sacia anhelos profundos que ni sabíamos que teníamos hasta que los satisfizo. C. S. Lewis describe cómo funcionan los deseos:

> Las criaturas no nacen con deseos a menos que exista la manera de satisfacer tales deseos. El niño siente hambre, y existe una cosa que se llama comida. Un patito quiere nadar, y hay una cosa que se llama agua. Los hombres sienten deseos sexuales, y hay una cosa que se llama sexo. Si hallo en mí un deseo que ninguna experiencia en este mundo puede satisfacer, lo más probable es que yo estoy hecho para otro mundo. Si ninguno de mis placeres terrenales lo satisface, esto no prueba en manera alguna que el universo sea un fraude. Probablemente los deseos terrenales no se hicieron para darle completa satisfacción, sino para incitar, para sugerir lo que de veras lo satisface[2].

Lo que Lewis dice es que los deseos fueron creados para ser saciados. De esta forma, Dios usa nuestros deseos para atraernos a Él. Actúan como un GPS [Sistema de Posicionamiento Global, por sus siglas en inglés] que nos guía hacia el destino supremo que nuestro corazón anhela, al Dios que en sí mismo puede darnos lo que en verdad deseamos. Mientras que algunos deseos pueden ser saciados parcialmente por las cosas buenas que Dios provee, todas esas cosas actúan para despertarnos el apetito y nuestro anhelo de un Dios bueno que satisface.

Así que el problema no radica en los deseos. Es lo que hacemos con ellos, cómo procuramos satisfacerlos, lo que marca toda la diferencia. El reto de vivir en nuestro mundo caído es que nuestros deseos a menudo pueden ser interceptados y redirigidos lejos de Dios. En vez de seguir el GPS para llegar al destino previsto, nos detenemos en múltiples lugares por el camino.

Podemos tratar de encontrar satisfacción en personas o en cosas que no fueron creadas para ello. Lo que debe ser un aperitivo lo confundimos con el plato principal. Dios puede ser para nosotros un bistec de medio kilo, curado en seco, cocinado en su punto, pero nos llenamos de bolitas de queso y perdemos el apetito. Nos perdemos la satisfacción más profunda y duradera, y nos conformamos con las tentaciones temporales de comida basura.

Los deseos también pueden dirigirnos mal cuando nos consumen por completo, convirtiéndose en expectativas y luego demandas que ponen nuestras preferencias y necesidades por encima de todo y todos. Satisfacer nuestros deseos exactamente como queremos se convierte en primordial, y el resultado es ensimismamiento y privilegio. Aprendemos a hacer cuanto sea necesario para satisfacer nuestros deseos, y dejamos que nos controlen en forma de exigencias. A medida que los deseos se convierten en demandas, cumplir con ellas se convierte en la medida con la que nos juzgamos a nosotros mismos, nuestra calidad de vida y contentamiento.

Pronto comenzamos a evaluar a Dios así también. Comenzamos a verlo no como la fuente de nuestra satisfacción, sino como el medio para conseguir lo que queremos. Sutilmente creamos la expectativa de que Dios, si nos ama, si de verdad fuera bueno, nos daría lo que pedimos y en la forma en que lo esperamos.

Esto no sucede de un día para otro. Esta clase de expectativas comienza como un deseo muy sincero que a menudo tiene una cualidad de mentalidad del reino. Comenzamos viendo a Dios como el proveedor, nuestro Padre celestial, a quien podemos pedirle cualquier cosa.

A menudo expresamos esos deseos como una oración humilde o desesperada. «Dios, *si solo* quisieras...».

sanar
salvar
moverte
obrar
proveer

Queremos ver a Dios glorificado en la situación. Deseamos que se haga su voluntad. Estamos seguros de que lo que pedimos es bueno, sellado con una fe sincera. Pero con suficiente repetición y frustración, si tropezamos lo suficiente en la brecha, el deseo puede sutilmente convertirse en expectativa: «Dios, *solo si*...».

«Dios, si me trajeras a la persona que tienes para mí» se convierte en «Dios, *solo si* me trajeras a la persona que deseo tendré gozo».

«Dios, si tuviéramos un hijo» se convierte en «Dios, *solo si* nos das un hijo tendremos valor como personas».

«Dios, si pudiera hacer un impacto en el mundo» se convierte en «Dios, *solo si* mi trabajo causa un impacto en el mundo mi vida importará».

«Dios, si sanaras» se convierte en «Dios, *solo si* sanas confiaré en ti».

Cuando el deseo se convierte en expectativa, nuestra visión de la bondad de Dios viene definida por los límites de lo que queremos. Eugene Peterson explicó el motivo que puede desarrollarse: «En vez de confiar en Dios, quien puede obrar más allá de nuestras expectativas, [la gente] trata de encontrar un punto de apoyo de donde extraer un milagro de Dios para satisfacer lo que piensan que necesita. Para ellos, los milagros no tienen nada que ver con Dios; son una demanda que les traerá lo que desean»[3].

Cuando de tus deseos se trata, ¿cómo ves a Dios? ¿Es la comida de cinco platos que anhelas o solo el camarero que te la trae? Cuando ponemos en Dios tales expectativas y demandas, por lo general las envolvemos en condiciones de varias formas. Las condiciones *solo si* son expectativas osificadas, deseos sinceros endurecidos que forman demandas tercas, y nos ciegan a lo que Dios quiere hacer y está haciendo, según *sus* propósitos sabios y su buen placer, no necesariamente el nuestro.

ESTO NO ES NUEVA YORK

Las condiciones tienen dos partes. Comienzan con una prótasis («si...») y concluyen con una apódosis («entonces...»). La prótasis despliega una serie de condiciones y, si se cumplen, la apódosis da el resultado. Pero no te dejes engañar por una lección de gramática.

Las condiciones trazan el curso de nuestras acciones e interacciones todos los días, y hasta dan forma a nuestras relaciones. Una relación sin condiciones significa que estoy comprometido sin importar lo que la otra persona haga. Lo opuesto es una relación condicional de consumidor, definida por ciertas normas: *Si haces lo que quiero o lo que me beneficia, entonces me quedo en la relación.* Esa relación puede ser con una persona o una organización. Pagaré el costo de la membresía mientras reciba los beneficios. Es así como Costco y Lifetime Fitness continúan operando.

Pero las condiciones pueden también distorsionar una relación. Piensa cómo se ve afectado un matrimonio cuando las condiciones definen la manera de relacionarse. En lugar de promesas incondicionales como «Te elijo en la salud y en la enfermedad, en la riqueza y en la pobreza», las condiciones distorsionan la relación y la reducen a «mientras me hagas feliz» o *«solo si* no...». La prótasis de mis deseos dicta la apódosis de lo que estoy dispuesto a invertir en la relación. Perdonar se convierte en culpar y depende de que la otra persona acepte la responsabilidad.

Las condiciones también distorsionan tu relación con Dios. El consejero Bill Clark lo explica en una simple ilustración. Quizá nos encontremos en una circunstancia (A) con la mirada en el futuro preferido (B) por el que hemos orado. A medida que el deseo de (B) se convierte en expectativa, comenzamos a creer que los recursos eternos y los propósitos de Dios nos llevarán ahí. Hasta leemos las Escrituras y buscamos consejos que apoyan nuestra convicción de que hemos de terminar en (B).

El Dr. Clark pregunta: «¿Y si a Dios no le interesa llevarnos de (A) a (B)? ¿Y si está obrando en nuestra vida para llevarnos a (B^1)?»[4]. Si no te son conocidas las variables de la matemática, piénsalo como la ilustración de un viaje. Imagínate a Dios como una línea aérea que confías que te va a llevar de donde estás, digamos Miami, a otro destino, Nueva York. Oras acerca de Nueva York, estudias, le comentas a otros. Consultas con tu agente de viajes acerca de lo que puedes hacer allí. Consigues un lindo apartamento en Chelsea por Airbnb. Hasta logras billetes para ver *Hamilton*. Estás emocionado por ir a Nueva York, y esperas desembarcar en LaGuardia.

Pero al salir del avión te das cuenta de que no estás donde creíste que ibas a estar. En vez de ver la silueta de la ciudad, ves montañas. En vez de estar en la ciudad que nunca duerme, tienes que luchar por mantenerte despierto. Resulta que Dios quiso llevarte a otro destino que no era Nueva York.

¿Qué haces? Puedes lamentarte y entristecerte. Puedes tratar de forzar el asunto. Puedes hasta tratar de tomar las cosas en tus propias manos y hacer autostop para llegar allí. Puedes reafirmar tus condiciones y exigirle a Dios que te lleve a Nueva York porque eso es lo justo, lo que acordaste. Mira detenidamente y descubrirás que una condición *solo si* motiva cada una de esas respuestas.

De hecho, cuanto más decidido estés a llegar al destino que esperabas, más fuertes serán tus *solo si*. Y cuanto más fuertes sean tus *solo si*, mayor será tu desilusión si Dios elige hacer algo diferente. Te perderás la belleza y la oportunidad de lo que Dios tiene para ti en el destino que no esperabas. En medio de la frustración y la desilusión de estar atrapado en un lugar que no escogiste, te perderás el potencial de vivir en tu nuevo destino.

Y cuando no puedes ver el potencial de donde estás, tus condiciones de *solo si* se fortalecerán aún más. Las condiciones no pueden lidiar con la desilusión sin provocar algún castigo. A veces ese castigo será en forma de ira o cinismo. A veces desarrollas una actitud crítica o moralista. Te aferrarás a tus propios planes con más fuerza esperando garantizar el resultado.

Las condiciones *solo si* tienen varios efectos secundarios que nos pueden endurecer. El primero es que nos llevan a comparar, sobre todo si percibimos que otros van al destino que nosotros esperábamos. Las comparaciones, pues, confirman nuestros *solo si* cuando pretendemos que Dios haga por nosotros lo que hizo por aquella gente. «*Solo si* haces por mí lo que hiciste por ellos tendré valor».

Nunca ganarás el juego de la comparación. El resultado siempre será un cuadro distorsionado de la realidad. O pensarás que eres mejor que tu rival y te llenarás de orgullo y justicia propia (lo que el apóstol Pablo llamó «vanagloria» [Filipenses 2:3]), o pensarás que alguien es mejor que tú y te ahogarás en la autocompasión. Ambos escenarios ignoran lo que Dios dice de ti: eres peor de lo que piensas (desplegando tu justicia propia), pero más amado y valorado de lo que jamás podrás imaginar (confrontando tu autocompasión)[5]. En cuanto a esto, las condiciones también pueden llevarte a la vergüenza. En su libro *Unashamed* [Sin vergüenza], Heather Nelson explica cómo nuestros *solo si* son una forma de convertirnos en lo que pensamos que debemos ser. En consecuencia, nuestro valor viene de nuestra capacidad de cumplir con las condiciones que creemos que harán que seamos amados o aceptados[6]. Los *solo si* se convierten en un tipo de norma de vida, la medida por la cual juzgamos si somos dignos de ser amados.

«*Solo si* mis hijos se portan bien seré digno de respeto».

«*Solo si* soy recibido en los círculos sociales apropiados seré amado y conocido».

«*Solo si* me caso tendré valor en mi iglesia».

Con cada *solo si* que no alcanzamos sentimos la vergüenza de no ser suficientes, de no estar a la altura del estándar de Dios para nosotros, cuando en realidad son nuestras propias medidas las que le hemos presentado a Dios.

El efecto más trágico de las condiciones es que puedes perder la confianza en Aquel que está cumpliendo su propósito en tu vida, solo que no de la forma en que tú esperas. Las condiciones no cumplidas pueden llevarte a la conclusión de que Dios no sabe lo que hace, que no puedes confiar en Él. Te sentirás tentado a tomar el asunto en tus propias manos. Perderás la paciencia y tomarás decisiones a la ligera. Comprometerás tus convicciones para recibir lo que deseas, incluso conformándote con algo parecido, pero no exacto a lo que esperabas. En esencia, serás tu propio dios.

SOLO SI NO ES LA ÚNICA MANERA

Las condiciones *solo si* no son meramente una lucha diaria. Sadrac, Mesac y Abednego pudieron dejarse guiar por las condiciones. «*Solo si* guardas nuestra ciudad y provees para nosotros, nos dedicaremos a ti». La triste ironía es que, durante toda su relación, el pueblo de Dios le puso condiciones como estas a Dios, pero nunca cumplió su parte del acuerdo. Por eso Dios los entregó.

Pero cuando se vieron frente al fuego, Sadrac, Mesac y Abednego declararon: «*Aun si* no lo hace, no adoraremos a otro». Escogieron la declaración *aun si* en vez de la condición *solo si*.

Y su historia no es la única. Job fue un hombre exitoso en toda medida. Muchas posesiones, diez hijos y una fe profunda; todos sus deseos se habían cumplido. Hubiera sido natural pensar que por eso amaba a Dios. Todas sus condiciones habían sido satisfechas y superadas.

Esto es lo que nos hace presumir la historia de Job. La narrativa comienza con el acusador viniendo delante de Dios y presentando la pregunta: «¿Acaso teme Job a Dios de balde? ¿No le has cercado alrededor a él y a su casa y a todo lo que tiene? Al trabajo de sus manos has dado bendición; por tanto, sus bienes han aumentado sobre la tierra. Pero extiende ahora tu mano y toca todo lo que tiene, y verás si no blasfema contra ti en tu misma presencia» (Job 1:9–11). En otras palabras, el acusador sugiere que Job amaba a Dios solo por la forma en que este había cumplido con sus condiciones. Sus hijos, su riqueza y hasta su justicia eran resultado de sus *solo si* satisfechos. Quítale esto y veremos quién es Job verdaderamente.

Job se enfrentó con la batalla más grande que podría imaginar. Sus hijos murieron (todos en un día), su riqueza se evaporó (es más, fue robada o quemada) y su vida se derrumbó. Su respuesta fue tan imprevisible como las circunstancias que se llevaron a su familia y sus riquezas. «Entonces Job se levantó, y rasgó su manto, y rasuró su cabeza, y se postró en tierra y adoró, y dijo: Desnudo salí del vientre de mi madre, y desnudo volveré allá. Jehová dio, y Jehová quitó; sea el nombre de Jehová bendito. En todo esto no pecó Job, ni atribuyó a Dios despropósito alguno» (versículos 20–22).

Me ha sido difícil comprender esa respuesta. Todas esas tragedias no dejaron de afectarle. Vivir en el *aun si* no significa que nos ponemos nuestra carita feliz y fingimos que el sufrimiento no es tan malo (una determinación falsa). Job rasgó su manto y se rasuró la cabeza, que era la expresión usada en el Oriente Próximo para el luto y el dolor.

Su declaración «Desnudo salí del vientre de mi madre, y desnudo volveré allá» puede interpretarse como un reconocimiento desesperado de su estado. A la vez que reconoció que había venido sin nada al mundo, Job se dio cuenta de que asimismo moriría. Me imagino que querría morir más pronto de lo que pensamos.

Pero «en todo esto no pecó Job, ni atribuyó a Dios despropósito alguno» (versículo 22). Bendijo su nombre. En esencia, volvió a comprometerse con Dios, reconociéndolo y confiando en su provisión desde el primer día de su vida hasta el último. Sin usar las dos palabras, hizo una dolorosa declaración *aun si*.

Aunque Job ya había pasado por más de lo que se puede esperar que una persona soporte, ese no fue el final de sus sufrimientos. El acusador volvió y sugirió que su respuesta no era en realidad una expresión de devoción *aun si*, sino que sus convicciones calaban más profundo que sus hijos o posesiones. «Piel por piel, todo lo que el hombre tiene dará por su vida. Pero extiende ahora tu mano, y toca su hueso y su carne, y verás si no blasfema contra ti en tu misma presencia» (2:4–5). Aflígelo con una enfermedad y veremos que toda esta devoción a Dios se basa en su propio bienestar físico.

Así que Job volvió a ser puesto a prueba con una sarna maligna que cubrió su cuerpo como un tatuaje corporal indeseado. Y mientras estaba allí tirado sobre las cenizas literales y figuradas de su vida, se rascaba con un tiesto. Su propia esposa le dijo que reconociera su terrible condición, maldijera a Dios y muriera.

La respuesta de Job fue un *aun si* en forma de pregunta: «¿Recibiremos de Dios el bien, y el mal no lo recibiremos? En todo esto no pecó Job con sus labios» (versículo 10). Por la explicación del narrador nos damos cuenta de que Job no estaba ofreciendo una queja pecaminosa.

El contexto nos dice que Job no estaba encogiéndose de hombros. No, expresó lo que Philip Yancey describe como «una fe ambidextra»: fe que sostiene en una mano el sufrimiento y las expectativas no cumplidas, y en la otra una convicción segura de que aun en esto Dios está obrando[7]. La fe ambidextra no les da autoridad a las condiciones que declaran que la vida debe desplegarse de cierta manera. La fe ambidextra está en el seno de la vida *aun si*.

Y ENTRAN LOS TESTIGOS DE *SOLO SI*

El resto del libro de Job nos lleva a través de los diferentes matices de aquella declaración. Job demuestra su determinación de vivir en el *aun si*, especialmente cuando sus amigos y vecinos están dispuestos a hacer resaltar sus fracasos. La determinación de Job crecía y menguaba; creía y dudaba. Lo que comenzó cuando sus amigos vinieron y se sentaron en silencio a su lado por una semana dio un viraje curioso cuando trataron de convencerlo de que no había cumplido una de las condiciones divinas.

Este cambio es importante. En vez de un acusador sugiriéndole a Dios que la lealtad de Job se basaba en que Dios cumpliera las condiciones de Job, ahora varios acusadores le sugieren a Job que su tragedia era el resultado de no cumplir con las condiciones de Dios. Job debía de haber pecado, o uno de sus hijos.

De igual manera, gente con buenas intenciones a veces ofrecen explicaciones de nuestro sufrimiento y desilusión. En su libro acerca de la oración, Pete Greig describe una lista de condiciones que nos ofrecen, sobre todo para explicar las oraciones no respondidas. «Cuando la gente escucha que mi esposa está enferma, me urgen, con extraordinarios niveles de contacto visual, a orar por ella de una mejor manera, o quebrar alguna maldición, o que se arrepienta de alguna actitud, o que tome alguna vitamina, o que visite algún ministerio de sanidad, o que nos pongamos de cabeza con un diente de ajo en los oídos mientras cantamos el coro Aleluya del Mesías»[8].

Cada uno de esos consejos es una condición para apacentar a Dios y recibir lo que queremos. Este tipo de condiciones no solo no dan cuenta de la complejidad e incertidumbre de la vida, sino que simplifican en exceso el misterio de Dios. Peor aún, le dan a Dios ciertas condiciones divinas que sostiene sobre la cabeza del que sufre: «Porque no hiciste…», o «Si solo hicieras…», o «Si hicieras esto o aquello».

Condiciones como esas se basan en la suposición de que la vida sigue cierta fórmula, y que si no recibes lo que quieres, es porque no seguiste la fórmula. Es más, así opera la religión. Cumple con tu parte y Dios cumplirá con la suya. Cuando algo no funciona como lo predice la fórmula, revísala. Busca dónde no cumpliste con tu parte (sea por comisión o por omisión). Vuelve atrás y cúmplela, entonces Dios hará su parte. Es una manera transaccional de relacionarnos con Dios. Él te bendecirá *solo si* cumples tu parte.

¿Cómo confrontar las arremetidas de las condiciones *solo si,* tanto internas como externas? Debes declarar *aun si* sobre tu *solo si* volviendo a la bondad de Dios. Cuando consideres las condiciones que la gente te sugiere, pregúntate: *¿Qué significa la bondad de Dios? ¿Es una deidad que exige que yo haga mi parte si quiero que me bendiga?*

De la gran historia de la relación de Dios con su pueblo hemos aprendido que Dios se compromete con nosotros antes de que le pidamos algo. En otras palabras, Él se entrega por completo antes de invitar. Él salva antes de ordenar. Nos busca antes de instruir. Dios se compromete con nosotros a ser nuestro Dios y luego nos invita a ser sus hijos.

Que quede claro: ser sus hijos trae ciertas condiciones. Él quiere nuestra obediencia, nuestra confianza y nuestra lealtad. Quiere que abandonemos los ídolos y que encontremos vida en Él. Pero en vez de decir «*Solo si* me obedeces seré tu Dios», declara: «Yo soy tu Dios, quien te salvó; ahora puedes ser mi hijo». Él no se retiene a sí mismo hasta que cumplamos sus condiciones, sino que se compromete con nosotros aun sabiendo que nunca podremos cumplir ninguna de sus condiciones sin su ayuda.

ENTRÉGALE TUS CONDICIONES

El Dios compasivo y de pacto te llama a que le entregues tus *solo si* confiando en Él. Dios sabe lo que está haciendo en tu vida. No te ha olvidado. Quizá no estés en Nueva York como esperaste, pero eso no significa que te ha quitado del mapa. Tener expectativas no es malo, pero sostenlas con una mano abierta; o mejor todavía, ponlas en la mano de un Dios bueno que está obrando aun en este momento.

Una cosa más acerca de las condiciones. Aunque es cierto que nuestros *solo si* pueden ser una manera de controlar nuestra situación y exigir que Dios cumpla con nuestras expectativas, hay una condición que se somete a Dios con humildad. En vez de una exigencia con los brazos cruzados, esta otra condición viene en forma de dependencia con las manos abiertas. Es la condición de la intercesión, de pedirle a Dios que intervenga en una situación difícil y desesperada.

En el Evangelio de Lucas, un leproso vino a Jesús, se postró sobre su rostro y dijo: «Señor, si quieres, puedes limpiarme» (5:12). Los leprosos eran desahuciados sociales que había que evitar, los pacientes con COVID-19 de nuestros días, excepto que de manera más permanente. Desesperado, el hombre se postró con el rostro en tierra delante del único que lo podía sanar. Presentó su caso ante Jesús con una declaración condicional que puso la respuesta en la cancha de Dios. Le dijo su deseo, le hizo conocer su necesidad, y luego se echó ante la misericordia de Dios.

«Si es tu voluntad, puedes sanar». Esto es un eco de la misma confianza que vimos en Sadrac, Mesac y Abednego: «Si es su voluntad, nuestro Dios nos puede salvar». Hay una fe abierta en esta simple petición, una condición que sugiere posibilidad y esperanza, no una exigencia.

He oído a una familia susurrar esta condición en la sala de espera de la unidad de cuidado intensivo infantil mientras esperan el nacimiento de un bebé de veintitrés semanas de gestación. La he orado con la esposa quebrantada de un alcohólico cuya vida se destruye un poquito más cada día, llevándose consigo a sus seres queridos. Hasta la he intercambiado mediante mensajes de texto mientras un amigo está a punto de entrevistarse para el empleo que necesita.

Lo quiero a mi manera

Créeme, en estas oraciones no hay sentido de control arrogante. Son muy diferentes a las condiciones *solo si* que vimos con anterioridad. Más bien son oraciones desesperadas y humildes de adoradores que se preparan para declarar su *aun si*.

«Si es tu voluntad... puedes». Pero *aun si* no, continuaremos orando. Continuaremos buscándote porque eres todo lo que tenemos, Señor. Continuaremos confiando en tu cuidado amoroso por nosotros y por nuestros seres queridos *aun si* no lo haces en la manera en que te lo pedimos.

El poder del *aun si* es que mientras continuamos orando con fervor y según nuestro deseo, al mismo tiempo declaramos nuestra confianza en un Dios que es soberano y bueno. Nuestra devoción no viene determinada por su forma de contestar nuestras oraciones, sino más bien por el carácter del Dios a quien oramos. Solo Él es sabio. Solo Él es bueno. Podemos confiar en Él.

Vemos el ejemplo supremo de *aun si* la noche en que Jesús fue entregado. Había ido con algunos de sus discípulos al huerto de Getsemaní, y allí derramó su corazón. Al mirar atrás vio que sus discípulos, su grupo de apoyo emocional, no pudieron siquiera quedarse despiertos. Todavía estaba fresca la herida del puñal traicionero de uno de sus discípulos.

Y lo peor, anticipaba el abandono que sentiría en la cruz, un abandono temporal, pero inconcebible entre Padre e Hijo cuando llevara sobre sí el pecado del mundo. Este sufrimiento sería peor que la crucifixión misma.

Así como el leproso vino ante Jesús, Jesús ofreció su propia condición: «Padre, si quieres, pasa de mí esta copa» (Lucas 22:42). Jesús le pidió al Padre que quitara la copa, que buscara otra manera, que la pasara de Él. Pero a diferencia de su respuesta al leproso («Quiero; sé limpio» [5:13]), el Padre, en su soberanía, no le quitaría la copa.

Jesús se haría inmundo, como un leproso, tomaría el pecado del mundo en una demostración pública de la misericordia y justicia de Dios. El cordero del sacrificio debe ir a la cruz.

Y Jesús declaró su propio *aun si*: «Pero no se haga mi voluntad, sino la tuya» (22:42). *Aun si* no pasas la copa de mí, tu voluntad sea hecha, no la mía. Jesús sometió sus deseos a la voluntad de Dios, creyendo que la voluntad de Dios es perfecta y sus caminos son buenos. La declaración *aun si* de Jesús fue un acto de humildad aun hasta la muerte, y muerte de cruz (Filipenses 2:8).

Eso significa que no tienes que aferrarte a tu *solo si* como forma de establecer tu identidad y valor. Lo que Cristo pagó en la cruz dice que tienes suficiente valor para merecer su muerte. Significa que no tienes que esconderte en vergüenza. Que todas las condiciones que Dios pueda tener las cumplió Jesús, y ahora su Espíritu vive en ti.

La garantía de tu futuro ya no es una carga que tú debas llevar. Puedes confiar en Dios. No importa lo difícil o extraño que parezca el camino que tienes por delante: la cruz te recuerda hasta dónde tuvo que ir Dios para salvarte y cuidarte. No te va a abandonar ahora.

George Everett Ross resumió cómo se ve la fe cuando entregamos nuestros *solo si*. El aliento que recibimos del *aun si* de Job nos señala a Jesús de manera hermosa:

> He aprendido que hay dos clases de fe. Una dice sí y la otra dice aunque. Una dice: «Si todo va bien, si mi vida prospera, si soy feliz, si ninguno de mis seres queridos muere, creeré en Dios y oraré, iré a la iglesia y daré lo que pueda». La otra dice aunque: aunque el mal prospere, aunque sude en Getsemaní, aunque deba beber mi copa de calvario, aun así, precisamente entonces, confiaré en el Señor que me creó. Por eso Job clama: «Aunque me mate, confiaré en Él»[9].

Finge hasta que lo consigas 5

EN LA DÉCADA de los 90, Gwyneth Paltrow actuó en un drama romántico inglés titulado *Dos vidas en un instante*. Después de ser despedida de su empleo, Helen (el personaje de Paltrow) se dirige a su casa abatida, buscando el apoyo de su novio, Gerry, quien sin que ella lo supiera, tiene una aventura. Lo sorprende en la cama con la otra mujer y eso comienza una secuencia de eventos en los que Helen se establece por su cuenta, encuentra su verdadero yo y experimenta un nuevo amor.

A decir verdad, es un guion bastante previsible. El héroe (o la heroína) sufre una decepción; se encuentra a sí mismo, encuentra el amor verdadero en el camino y vive feliz para siempre. Incluimos una mejor amiga, un momento de tensión cuando todo parece andar mal, una habilidad subestimada que un extraño cautivador (el futuro amor) señala, y la película es igual que todas las otras de su género.

Lo que hace que *Dos vidas en un instante* sea singular es que la película explora dos posibles argumentos que se derivan de un momento que parece insignificante: que Helen tome el tren o no. Un momento después que Helen pierde el tren, la película va hacia atrás diez segundos e imagina lo que sucedería si hubiera alcanzado el tren.

De ahí en adelante, las dos realidades alternas se desarrollan a la par. En una realidad, Helen llega tarde a casa, no sorprende a su novio desleal en el acto y vive bajo las constantes desilusiones de su amante infiel. Frustrados, seguimos a una Helen triste, que no tiene ni idea de su ingenuidad, trabajando en dos empleos como camarera y, sin saberlo, apoyando las travesuras de su novio.

En la otra, Helen llega a casa y encuentra a Gerry en la cama con otra mujer, lo deja, se corta el cabello (porque aparentemente eso es lo que las mujeres hacen después de una mala separación) y procede a establecerse por su cuenta, siguiendo la narrativa arquetípica que hace que a todos nos gusten (o detestemos) las películas de este género[1].

Con creatividad, la película presenta algo con lo que todos luchamos en algún momento: los *si solo* de otra vida que pudiéramos haber vivido. Este es el segundo *contra si* que podemos encontrar al estar atentos a la separación entre lo que creímos que sería la vida y lo que resultó ser.

Esa frustración fue la que el actor Philip Seymour Hoffman expresó dos años antes de su muerte prematura. En una entrevista acerca de su papel como Willi Loman, el personaje central de *La muerte de un viajante*, de Arthur Miller, explicó el atractivo universal del espectáculo de Broadway de más de setenta años: «La idea de tener una visión de lo que debes ser, o vas a ser, o lo que serán tus hijos (y cómo eso no funciona) siempre afectará a la gente y la motivará»[2]. Todos batallamos con lo que pudiera haber sido versus lo que es. Ahí está esa separación molesta otra vez.

No importa el éxito que nuestra vida parezca tener y si resultó según los planes, todos nos preguntamos: *¿Qué hubiera sucedido si hubiera tomado una decisión diferente?* A veces nos preguntamos por pura curiosidad, y nuestra imaginación representa caprichosamente una variedad de escenarios hipotéticos. *¿Y si hubiera ido a otra universidad? ¿Y si hubiera escogido otra línea de trabajo? ¿Cómo sería mi vida diferente si me hubiera casado con otra persona?*

Mis hijos procesan toda esta gimnasia mental incluso momentos después de escoger un postre en vez de otro, imaginándose qué pasaría si hubieran elegido el helado y no la galleta. En otros momentos de mayor culpa, ¿qué hubiera sucedido si hubieran obedecido a su madre en vez de hacer travesuras?

Cuando la vida nos desilusiona, las preguntas pueden ser más serias, y nacen de los anhelos dolorosos de una vida que desearíamos que hubiera sido significativamente diferente.

> *¿Qué hubiera sucedido si hubiera elegido a otro cónyuge, uno que no me engañara?*
> *¿Cuán diferente sería mi vida si no hubiera cometido aquel error?*
> *¿Y si ahora estuviera casado?*
> *¿Y si el embarazo hubiera llegado a término?*
> *¿Y si el auto no hubiera salido bruscamente del camino?*
> *¿Y si los resultados de la prueba hubieran sido diferentes?*
> *¿Y si mamá y papá todavía estuvieran aquí?*

Estas preguntas nos llevan al persistente pensamiento: *Si solo algo hubiera sido diferente.* No importa si sientes remordimiento por un fracaso pasado o sueñas con un presente diferente, los *si solo* nacen de la insatisfacción con lo que tienes ahora. Y del mismo modo, brotan de los deseos no cumplidos que hacen que nuestras condiciones *solo si* emerjan. La diferencia es que mientras que los *solo si* son deseos convertidos en demandas, los *si solo* son deseos expresados como remordimientos. Los *si solo* tienen el mismo poder paralizador, dejándonos resignados a que nada cambiará: ni nuestra identidad ni nuestra suerte en la vida.

NADIE CONOCE MI SUFRIMIENTO

Los remordimientos *si solo* vienen de nuestra forma de ver los errores y fracasos. Puede que los errores te persigan, un pasado quebrantado que parece que no puedes dejar atrás. Tienes recuerdos de los que no estás orgulloso: palabras duras que quisieras poder retirar, relaciones rotas que hubieras manejado de forma diferente, momentos de ira o egoísmo que hirieron a alguien profundamente. Hay decisiones que quisieras volver a tomar y elecciones que desearías poder deshacer.

Todos tenemos estos remordimientos en lo profundo del corazón que terminan motivándonos e influyendo en nuestro comportamiento de maneras de las que no siempre somos conscientes. Una vez serví con una mujer increíble llamada Mary, muy activa en la iglesia y con una fe contagiosa. Dedicó su vida a las chicas en edad preuniversitaria, contestando sus llamadas a altas horas de la noche y dedicando mucho tiempo a su disciplina. Básicamente tenía su oficina de consejería en la cafetería local de Panera. Nos reuníamos a menudo para ponerme al día de su ministerio.

En una de nuestras reuniones me contó que iba a dejar el ministerio.

—No puedo más —confesó con lágrimas en los ojos.

—¿Qué ha sucedido? ¿Qué quieres decir?

Me tomó por sorpresa. Era una de mis mejores líderes.

—Siento que estoy viviendo dos vidas.

El terror me sobrecogió mientras me imaginaba mil escenarios de comportamiento inapropiado. Reconozco que en vez de pensar cómo ministrarla a ella, me preocupé en cómo aclarar lo que fuera que estaba a punto de decir.

—Llevo conmigo un secreto terrible de mi pasado. Estoy cansada de vivir con la vergüenza y la hipocresía de lo que he hecho.

Me contó que antes de ser cristiana, mientras estaba en la universidad, había sido muy activa sexualmente con su novio. Quedó embarazada y la persuadieron para abortar. Era un secreto *oscuro* que había llevado con ella por más de una década. No se lo había contado a nadie jamás, y la culpa era insoportable.

Mientras narraba su historia, la pregunta que había desatado el deseo de su corazón era simple: «¿Crees que Dios te ha perdonado, o crees que, aunque te ha salvado, todavía guarda este error sobre tu cabeza?». Durante la conversación quedó claro para ambos que gran parte de su servicio en la iglesia era el resultado de un deseo profundo de compensar su pasado.

Esto no hacía que su amor por las muchachas fuera menos genuino ni menos sincero. Pero su motivación era una combinación compleja de su remordimiento y su amor por ellas. Quizá si ayudaba a algunas chicas a evitar los errores que ella cometió, podría deshacerse de su propia culpa y vergüenza. De manera rara, nos dimos cuenta de que esto podía haber sido su forma de cumplir una sentencia que ella misma se había dictado.

Pero solo empeoró las cosas. Sin saberlo ninguno de los dos, ella llevaba la cuenta, registrando las horas de servicio, las vidas cambiadas y los mensajes de texto enviados en un intento de equilibrar el remordimiento por su error. ¿Y si en algún momento les fallaba a las chicas? El remordimiento se intensificaba. Su voz interna la condenaba. «¡No solo le has quitado la vida a un bebé, sino que ahora ni siquiera puedes repararlo cuando tienes la oportunidad! No hay esperanza para ti». La voz de sus propias acusaciones era demasiado alta para acallarla. La carga de la culpa y el remordimiento era demasiado pesada. Quería dejarlo todo.

Al final de la conversación, ambos recordamos nuestra necesidad de Dios. Mientras la aconsejaba, me percaté de que yo también guardaba cuentas. El remordimiento había dado forma a muchas cosas en mi liderazgo y mi manera de relacionarme. Los dos lloramos cuando creímos nuevamente la promesa de Dios; es imposible equilibrar nuestras cuentas por nuestros propios esfuerzos. Solo Jesús puede hacerlo, y lo hizo con gozo y con amor.

El remordimiento, aunque un motivador apropiado para el arrepentimiento, es un motivo insaciable para las buenas obras. Cuando sirves, trabajas, te casas o tienes hijos por causa del remordimiento, vas por el camino del agotamiento y la desilusión, pues nunca sabes cuándo has hecho lo suficiente. No hay tasa de intercambio que pueda calcular cuántas y qué clase de buenas obras pagarán por nuestros errores. En el momento en que piensas que has pagado tu deuda, descubres que hay otra lista de demandas en la página siguiente.

Abordar los remordimientos así es ver la vida de forma kármica. No solo debes equilibrar las pesas con buenas obras, sino que recibes lo que te mereces. Si te equivocas, te mereces el fuego del horno. Cuando la vida da un viraje súbito, el remordimiento te dice que te mereces la dificultad: es la retribución divina por los pecados pasados. Lo mejor que puedes hacer es aceptarla y tratar de remendarla con la oportunidad que tienes ahora.

Quizá pienses: *Dios no me bendecirá más hasta que le compense. Así que no le puedo pedir que me libre de esta dificultad.* La vergüenza de tu pasado multiplica el remordimiento y te hace pensar que tus errores te definen para siempre y que tu única esperanza es no fallar más.

Esto puede llevarnos a la pasividad. Los padres que viven con el remordimiento se dan por vencidos de criar a sus hijos con intención. Conozco a una madre que no asumía la responsabilidad de disciplinar a sus hijos debido a sus matrimonios y relaciones fracasadas.

Secretamente creía que por causa de sus errores no tenía la autoridad de enseñarles piedad a sus hijos. El remordimiento la enmudeció.

Otros trabajarán más de la cuenta para compensar lo que han hecho. Como con mi amiga Mary, esta respuesta al remordimiento a menudo tomará la forma de un juramento, una promesa de reparación, de pasar página. De esta forma, los remordimientos *si solo* forman una unión impura con las condiciones *solo si* del corazón. «*Si solo* no me hubiera equivocado así» lleva a «*Solo si* puedo mostrar cuánto lo siento y compensar, seré digno de amor». Tratamos de probar que somos dignos de bendición por nuestra propia fuerza de voluntad. Encerrados en la cárcel de nuestros errores, trabajamos y trabajamos hasta encontrar la llave *solo si* adecuada para liberarnos.

Tus remordimientos no tienen que definirte. Has sido llamado para un propósito mayor que solo compensar el pasado. Tu pasado puede explicarte: los remordimientos pueden explicar por qué te apasionan ciertas causas, o pueden darle forma a la manera en que resistes las tentaciones. La preocupación por no cometer el mismo error puede explicar por qué te relacionas con la gente de cierta manera, y hasta con quién andas. Pero no solo eres la suma de tus decisiones pasadas.

Si estás en Cristo, eres una nueva criatura (2 Corintios 5:17). Esa es tu identidad. Eres el proyecto hermoso de misericordia que Dios tenía en mente en la cruz. Esto significa que ahora el remordimiento puede llevarte al arrepentimiento y la restauración en vez de hacerlo a la condenación y la retribución. «Cuanto está lejos el oriente del occidente, hizo alejar de nosotros nuestras rebeliones» (Salmo 103:12). Estos son dos polos opuestos. Como tú y tus pecados. No hay remordimiento ni *si solo* que pueda enfrentarse a la gracia de Dios.

LOS BUENOS VIEJOS TIEMPOS

Un segundo tipo de remordimiento no es por el pasado *roto*, sino por uno *dorado*. En vez de sentir remordimiento por los errores y los fracasos, anhelas «los buenos viejos tiempos», una época más simple a la que no puedes regresar. Este tipo de remordimiento a menudo se muestra como nostalgia.

La nostalgia es diferente al dayenú de la fidelidad de Dios. Los recuerdos dayenú de Israel los llevaron a recordar cuando Dios los liberó de Egipto: «Al que hirió a Egipto en sus primogénitos, [...] al que sacó a Israel de en medio de ellos, [...] con mano fuerte, y brazo extendido, porque para siempre es su misericordia» (Salmo 136:10–12). Ellos alabaron a Dios por su liberación y su fidelidad. Recordaron la bondad de Dios, y esos recuerdos fortalecieron su confianza en Él.

Pero en el desierto, cuando enfrentaron las verdaderas dificultades y amenazas, la nostalgia de Israel los hizo recordar un cuadro del pasado muy diferente. «Y toda la congregación de los hijos de Israel murmuró contra Moisés y Aarón en el desierto; y les decían los hijos de Israel: Ojalá hubiéramos muerto por mano de Jehová en la tierra de Egipto, cuando nos sentábamos a las ollas de carne, cuando comíamos pan hasta saciarnos; pues nos habéis sacado a este desierto para matar de hambre a toda esta multitud» (Éxodo 16:2–3).

Israel se enfrentó con la escasez de alimento en el desierto y sucumbió al temor. En su nostalgia, creyeron que la esclavitud en Egipto era preferible a la libertad del desierto con Dios como su proveedor. La nostalgia les hizo olvidar que Faraón, en su paranoia, había asesinado a sus hijos y los había sujetado a cuotas de ladrillo imposibles de cumplir. En su remordimiento nostálgico, se engañaron a sí mismos recordando una esclavitud ficticia donde se sentaban frente a ollas de carne con el estómago lleno.

Nuestro descontento con el presente alimenta el remordimiento por un pasado dorado. Hasta el punto de que con pesimismo miramos nuestra situación presente y exageramos lo bueno que era antes. Brené Brown describe esta tendencia: «Piensa en la frecuencia con que nos comparamos a nosotros mismos y nuestras vidas con un recuerdo que la nostalgia ha editado de forma tan completa que en realidad nunca existió: "¿Recuerdas cuando...? Aquellos eran los días"»[3].

Esta clase de remordimiento es diferente al remordimiento por un pasado roto. El remordimiento por un pasado roto nos hace querer olvidarlo. El remordimiento por un pasado dorado nos hace querer revivirlo. Aunque podemos sentir remordimientos por nuestros errores, romantizamos el pasado dorado cuando nuestra devoción era más fuerte, nuestros cuerpos eran más aptos, nuestro amor era más puro. Las ideas románticas son relativamente inofensivas hasta que comenzamos a pensar que si solo pudiéramos volver y ser como éramos entonces, Dios estaría complacido. Comenzamos a comparar nuestra vida actual con las versiones nostálgicas reconstruidas.

Esto también lo hacemos en nuestra vida espiritual. Leemos versículos como Apocalipsis 2:4–5: «Pero tengo contra ti, que has dejado tu primer amor. Recuerda, por tanto, de dónde has caído, y arrepiéntete, y haz las primeras obras», y entonces creemos que Dios nos ordena volver al pasado dorado de nuestro primer amor. Anhelamos el tiempo más puro cuando éramos creyentes fervientes que memorizábamos cada versículo bíblico, tomábamos notas en todos los sermones y les hablábamos de Jesús a todo aquel con quien nos tropezábamos.

Pero en esos versículos, Jesús no está llamando a los miembros de la iglesia a revivir sus «días de gloria», sino que les estaba señalando cómo habían perdido de vista el amor en medio de sus buenas obras. En algún punto del camino, la pasión por las causas y las posturas doctrinales superaron su amor por Jesús. Igualmente, Jesús no te está llamando a volver a tu etapa dorada. No ama tu versión pasada más que la actual. Te está llamando al verdadero amor en el presente. Es más, tu recuerdo del período dorado es como una imitación comparado con las cosas nuevas que Él tiene para ti ahora.

Una vez asesoré a un hombre que continuamente comparaba la fe de su infancia con su posición actual en su caminar con Dios. Había tenido una crianza difícil, con muy poca estabilidad y mucha pobreza. Con todo lo que tenía en su contra, su misma vida era un milagro. Había cometido sus errores y a diario vivía con las consecuencias continuas, haciendo lo mejor posible por no dejar que estas le definieran.

En cambio, continuaba volviendo a sus remordimientos: «*Si solo* pudiera tener una fe pura como cuando era niño». En algún lugar en su nostalgia, la fe simple que tuvo cuando era niño se convirtió en el estándar dorado que él mismo creía que Dios le había puesto. Aunque esto puede haber sido cierto de muchas maneras, lo que no era cierto era creer que si podía volver a la fe de su infancia, Dios estaría complacido con él.

No vio, o al menos minimizó, la fortaleza que su sufrimiento había forjado. Pasó por alto cómo había desarrollado su dependencia de la gracia de Dios porque sabía de primera mano cómo podía destruir su propia vida y herir a sus seres queridos. No era como la dependencia que recordaba de niño. Aunque podía ver cómo Dios le había guiado a través del desierto, alimentándolo con maná durante todo el camino, no podía celebrar verdaderamente esa gracia, pues ahora su fe era diferente a la que tenía a los trece años.

En pocas palabras, había confundido la fe de su infancia con la fe como la de un niño. La fe de su infancia era un recuerdo reconstruido de antaño. La fe como la de un niño es a lo que Jesús nos llama en el presente: una dependencia de Dios simple y humilde. Jesús no te llama a la fe de tu infancia. Te llama a confiar en la buena obra que está haciendo ahora, con una fe como la de un niño que sabe que su Padre celestial le ama y le cuida.

Los remordimientos por un pasado roto y los remordimientos por un pasado dorado no nos dejan ver la obra que Dios ha hecho y continúa haciendo. Fijan nuestros ojos en imágenes paralizadas de un pasado del que huimos o hacia el que corremos. Terminamos perdiéndonos la belleza de la gracia presente, esa gracia que el antiguo himno «Sublime gracia» captura tan ricamente:

En los peligros o aflicción
que yo he tenido aquí;
su gracia siempre me libró
y me guiará feliz[4].

Dios tiene gracia para tus remordimientos, gracia que ha venido obrando en tu vida para traerte hasta aquí. La gracia de Dios te ofrece el nuevo comienzo que has anhelado al saldar tu deuda de una vez por todas. Ya no estás en rojo. Bryan Stevenson lo resumió en su llamado a misericordia y justicia: «Cada uno de nosotros es más de lo peor que hemos hecho»[5]. La gracia que Dios nos dio en la muerte sacrificial de Jesús cubre tus pecados. Recíbela ahora. Deja que transforme tu presente y te lleve hacia un futuro que será mucho mejor de lo que fue tu pasado dorado.

PUDE HABER SIDO ALGUIEN

Antes de declarar un *aun si* sobre nuestros remordimientos, necesitamos hablar acerca de un remordimiento más, quizá el más abrumador de todos. Es difícil de identificar, y está formado por los anhelos de un presente que no se realizó, más que por las memorias del pasado. Yo los llamo remordimientos de fantasía, pues a pesar de que los remordimientos del pasado (roto o dorado) tienen que ver con eventos reales, aunque estén distorsionados en nuestra memoria, los remordimientos de fantasía son imaginarios.

Jon Bloom le da forma a esta idea: «A menudo no podemos identificar el génesis de los remordimientos de fantasía porque son una fusión de varios mensajes, impresiones, aspiraciones, envidias y esperanzas que hemos recogido en el camino. [...] No los reconocemos como fantasía; simplemente nos impresionan con *cómo deberían ser las cosas*»[6]. Todos vivimos con la idea de lo que debe ser la vida y quiénes debemos ser nosotros en ella. Un número de factores pueden contribuir a este cuadro: las expectativas que otros ponen sobre ti, lo que te enseñaron a celebrar o valorar. Mientras que tu cuadro puede ser diferente al mío, todos tenemos una línea de tiempo sobre la cual marcar nuestro progreso hacia ese cuadro. Los remordimientos de fantasía vienen cuando no alcanzamos el punto de referencia con el que nos medimos.

No siempre la vida será como el cuadro que nos imaginamos, sobre todo a lo largo de las líneas de tiempo que nos trazamos. Al perseguir la vida que debemos vivir, el descontento crecerá porque los sueños siempre están fuera de nuestro alcance y nunca se realizan por completo. Aun cuando llegas a una meta en particular, los remordimientos de fantasía continúan. ¿Has llegado alguna vez a una meta, y bien sea por alguna comparación u otra voz acusatoria, has pensado: *En esta etapa de mi vida, debería haber hecho más?*

En septiembre de 2016 fui instalado como pastor principal de mi iglesia. (*Instalado.* Como un electrodoméstico. ¿Qué te parece esa descripción gráfica?). Fue un servicio hermoso, lleno de lágrimas de gratitud, honra, entrega del testigo y reconocimiento de la gracia de Dios. Hubo algunos factores que lo hicieron aún más significativo. Como coreano-americano, me habían comisionado para dirigir una megaiglesia de cultura mayoritaria. Recibí el testigo de mi mentor y querido amigo que había pastoreado la iglesia por más de veinticinco años.

Desde afuera, la mayoría de la gente pudiera concluir: «¡Qué logro tan significativo!». Sin embargo, unos días más tarde, en medio del placer que siguió a aquel poderoso servicio, me encontré pensando: *Fulano de tal se convirtió en pastor principal de una iglesia mayor a una edad más temprana. Mejor me esfuerzo para alcanzarle y marcar una diferencia.*

¿En serio? Mis remordimientos de fantasía trataron de condenarme señalando lo que no había logrado, lo que todavía tenía que hacer. No había tiempo para la gratitud por haber recibido de Dios algo tan inmerecido. No, era hora de probarme a mí mismo y ganarme mi medalla. Ahí está el saldo pendiente otra vez.

Los remordimientos de fantasía dicen: «Si solo...» por lo que pudo haber sido, aunque lo que imaginas puede ser totalmente irracional. Mi voz interna me decía: «*Si solo* hubieras sido el pastor principal antes, podrías hacer una verdadera contribución».

Presta atención a cómo llenas tu remordimiento *si solo*. Indica más que lo que no te satisface. Muestra aquello que anhelas. Tus *si solo* describen tu versión del paraíso y a veces hasta cómo te imaginas que puedes llegar.

La madre estresada piensa: *Si solo tuviera más tiempo o hijos más obedientes*, para lidiar con su autocondenación de no ser la mamá perfecta.

Si solo pudiera perder unos kilos más es el anhelo de la persona consciente de sí misma cuyo valor viene determinado por la balanza.

La persona soltera desea: *Si solo pudiera estar casado*, porque el matrimonio es el medio para encontrar intimidad y aceptación.

Los *si solo* revelan lo que buscas para tu salvación. Retira las capas de tu deseo *si solo* y descubrirás el salvador ficticio que te ofrece traerte un mundo perfecto (o una versión perfecta de ti).

NO ERES TÚ; SOY YO

Como ya he insinuado, los remordimientos de fantasía no brotan simplemente de nuestra imaginación. Crecen de las semillas de lo que vemos a nuestro alrededor. Una de mis partes favoritas del libro *El niño, el topo, el zorro y el caballo* es un breve diálogo entre el niño y el topo.

El niño le pregunta a su nuevo amigo: «¿Cuál piensas que es la mayor pérdida de tiempo?». El topo le responde: «Compararte con otros»[7]. Ya hemos hablado acerca de cómo nunca ganarás el juego de la comparación, pero déjame añadir otra observación importante. Los remordimientos de fantasía se alimentan de la comparación. Piensa en cómo los comentarios destacados de las redes sociales te hacen imaginar cómo podría ser tu vida haciéndote recordar lo que no es. Recibes esos comentarios a diario mostrándote todo lo que hay ahí fuera, todo lo que te estás perdiendo.

Fotos de comidas maravillosas, descripciones de aventuras en destinos exóticos, alardes acerca de logros y relaciones íntimas que nos tientan a pensar: *¿Qué estoy haciendo con mi vida?* Los tableros en Pinterest se convierten en recordatorios colectivos de todas las maneras en que nuestra vida no está a la altura y no es muy interesante. Comenzamos a sentir remordimiento por nuestra vida y deseamos la de otro. «*Si solo…*».

La cuarentena por COVID-19 puso esto en un enfoque aún más agravante. Mientras nos sentábamos en casa, aislados y llorando la pérdida de la normalidad, vimos cuánta gente publicaba el maravilloso trabajo que lograban sus hijos educados en casa, las sabrosas comidas que preparaban con lo que tenían en la despensa o el nuevo pasatiempo increíble de jardinería con el que experimentaban. *Si solo tuviera la creatividad e ingeniosidad de hacer algo así. Si solo mis hijos fueran obedientes así. Si solo tuviera la determinación de redimir el tiempo con un proyecto así en mi casa.*

Lo que anhelamos o imaginamos puede también formar una alianza nefasta con los remordimientos del pasado. Nuestros *si solo* amplifican el remordimiento por la forma en que resultaron las cosas, intensificando la desilusión porque no fueron como lo imaginamos. Entonces, nos lamentamos porque no hicimos más (o menos) para cambiar nuestra situación actual.

Te daré una ilustración más de cómo las comparaciones alimentan tus remordimientos *si solo*. Supermán es un superhéroe de cómic muy querido. Es noble, poderoso e invencible. Lo que la mayoría de la gente no sabe es que Supermán tiene una malvada versión alternativa de sí mismo: un supervillano llamado Bizarro. En poder y habilidades, Bizarro era como Supermán, pero era su imagen negativa en casi todo lo demás. Se oponía a todo lo que representaba Supermán.

A veces me parece que mi vida es una batalla entre Bizarro y Supermán. Estoy muy familiarizado con mi versión de Supermán. Ha logrado mucho. Nunca pierde los nervios con sus hijos y siempre tiene la respuesta adecuada para cada situación que enfrenta. Se levanta temprano y se va tarde a la cama, siempre pensando en cómo sacrificarse por su esposa. Supermán Mitchel es un amante increíble y un amigo fiel, hábil en la casa, y siempre logra sus metas semanales. Es pastor de una iglesia pujante, autor realizado, académico respetado y líder comunitario de confianza. Nunca le ha fallado a nadie. Mi versión de Supermán es maravillosa.

Y un tonto. Un tonto, pues aunque no lo haga a propósito, hace que mi versión de Bizarro se sienta como una decepción, un proyecto fracasado, un pecador correctivo que necesita mucha ayuda hoy. Mi versión de Bizarro vive en constante temor de ser descubierto, de que la gente se dé cuenta de que solo está interpretando el papel de Supermán. Mi versión de Bizarro no puede competir. Como un hermano menor que siempre es vencido por su hermano mayor, pero continúa buscando pelea, mi Bizarro sigue enfrentándose cara a cara con Supermán y perdiendo todas las veces. Supermán me hace sentir miserable.

Brennan Manning tiene una forma menos absurda de describir a Supermán. Lo llama el yo impostor[8]. El yo impostor es la persona que crees que debes ser pero sabes que no eres; la personificación de los remordimientos pasados y de fantasía. El yo impostor debe dar la apariencia de tenerlo todo bajo control para ser admirado. Todo acerca del impostor es superficial y externo. Lo que otros ven es una versión fabricada y bien cuidada de quien pensamos que debemos ser, el resultado de nuestros intentos constantes de hacer realidad nuestros *si solo*.

En realidad, el yo impostor vive con el temor de no ser aprobado y, por tanto, se preocupa por la aceptación y los logros. El yo impostor se define por lo que hace, constantemente gastando una incontable cantidad de energía inspeccionando y manteniendo la fachada para asegurarse de que nadie vea su verdadero yo. El temor de ser descubierto es una fuerza de empuje. Aun así, quizá por toda la energía necesaria para mantener la fachada, el impostor exige ser tomado en cuenta. Después de todo, la aprobación solo viene del reconocimiento.

El impostor ni siquiera puede experimentar la verdadera intimidad, porque una persona es amada según el nivel en que es conocida. El verdadero yo está enterrado debajo de capas de pretensión y presentación. Por tanto, cualquier conexión que tengamos con otros viene en la medida en que se relacionan y les gusta la versión cuidadosamente seleccionada de nosotros mismos.

El resultado es que no dejamos que nos conozcan en profundidad. Y esto no solo es en el nivel interpersonal; el yo impostor incluso le da forma a nuestra relación con Dios. Podemos vivir la vida de nuestro yo impostor durante tanto tiempo que no solo acabamos creyendo que los que están a nuestro alrededor solo aceptan la versión impostora, sino que comenzamos a creer que Dios mismo solo ama al impostor.

Si nos quedamos en este estado durante el tiempo suficiente, el yo impostor se convierte en una vida impostora. La carga sofocante del yo impostor es que constantemente comparamos nuestra verdadera vida con la vida de fantasía, todo mientras creemos que los demás también nos comparan con esa vida impostora.

Gran parte del yo impostor se forma por nuestra manera de manejar los remordimientos, tanto reales como imaginarios. El yo impostor es el que compensará u ocultará el pasado. Esa persona perfecta nos hará dignos. En la clásica estratagema engañosa, el razonamiento es que si puedes mostrarle al mundo lo bien que te va ahora, nadie se dará cuenta de tu pasado roto.

O cuando nuestra suerte en la vida no llega a la medida de lo que hemos imaginado, podemos vivir tratando de fingir que hemos logrado más de lo que hemos hecho en realidad. Trabajamos con más ahínco para presentar la fachada de tenerlo todo bajo control. Hacemos lo que sea necesario para vivir la vida que creemos que nos hará dignos de amor y aceptación, aunque tengamos que fingirlo.

La tragedia de tratar de vivir con el yo impostor es que inevitablemente fracasaremos. Nunca lograremos alcanzar totalmente la vida que soñamos, porque es imaginaria. Las piezas que juntamos no se alinean, y siempre vivimos con el temor de ser descubiertos. Nos golpeamos con los remordimientos y los deseos fantásticos, todo porque pensamos que el yo impostor es el normativo y que nuestra realidad actual es solo una muestra pobre y distorsionada que nos recuerda lo que debería haber sido nuestra vida.

¿Cómo se ve tu yo impostor hoy? ¿Qué ha logrado tu versión impostora de ti? ¿Cuáles son sus rasgos de carácter? Una forma de saber si vives a la sombra de tu yo impostor es cuando descubres que usas palabras como *debería* y *a estas alturas. A estas alturas debería haber recibido ese ascenso. Debería hacer más. Debería estar casado a estas alturas. Deberíamos tener nuestra propia casa a estas alturas. Debería haber vencido esto a estas alturas. A estas alturas debería haberlo entendido. Ya debería haber vencido ese pecado.* La conclusión de esos pensamientos es *No soy lo suficientemente bueno*; un conjunto de razones por las que tu versión impostora es mejor.

Estas frases forman hábitos de pensamiento que nos hacen acobardarnos ante el yo impostor. Debemos volver a escribir nuestro monólogo interno y romper este patrón de pensamiento. La próxima vez que te encuentres pensando

Debería… a estas alturas, hazte la siguiente pregunta: «¿En comparación con quién?». O si prefieres hablar contigo mismo en un tono más osado: «¿Quién lo dice?».

Saca a la luz la base de tu comparación y descubrirás que la única persona que compara tu verdadero yo con tu yo imaginario eres tú.

CON QUIÉN TE COMPARA DIOS

Hace años tuve el gozo de llevar a Cristo a un estudiante de último año del instituto. Sucedió de manera simple mientras disfrutábamos de una tarta en una pastelería local. La camarera nunca hubiera sospechado que el cielo había bajado a la tierra y que la eternidad había sido alterada irrevocablemente mientras los ángeles se regocijaban en aquella mesa en Wheaton, Illinois.

Ver levantarse las cargas de la gente cuando se dan cuenta y responden a la verdad de que Jesús las llevó sobre sí mismo es algo de lo que nunca me aburriré. La nueva vida que encontró este joven comenzó con la emoción característica de alguien que ha sido perdonado. Pero constantemente se atacaba a sí mismo por no haber avanzado más.

Era un joven inteligente que se había graduado el primero de su clase y tenía grandes expectativas de lo que podría lograr, y esto lo aplicó también a su vida espiritual. Pero no conocía lo suficiente acerca de la Biblia. No había aprendido la disciplina de la oración. No sabía cómo funcionaban las iglesias. Sus expectativas de sí mismo eran injustamente altas porque se estaba comparando con la versión supercristiana de sí mismo. Su yo impostor era mucho más maduro que su yo verdadero, aun después de varios meses de discipulado intencional.

Un día en particular, después de una discusión intensa acerca de la Biblia, no pudo contener su frustración.

—A estas alturas debería saber eso —se dijo a sí mismo.

—¿Quién lo dice? —le pregunté.

—Siento que he perdido mucho tiempo.

(Solo tenía diecisiete años).

—Hermano, tienes tiempo. Dios te llamó y te salvó según su línea de tiempo. No puedes echarlo a perder, y no lo has hecho.

—Siento que se supone que debería saber más y estar más adelantado.

Quise advertirle: «Si te sientes así ahora, espera a que Dios comience a mostrarte los patrones de pecado y pensamientos en tu corazón». Pero me aguanté. No quise asustar a mi joven discípulo.

Entonces se comparó con otros cristianos de su edad que habían venido a la fe antes, y se condenó a sí mismo. Hasta comenzó a pensar que Dios estaba desilusionado con su ritmo de crecimiento, exigiendo impacientemente saber más y hacer más (como hacía su versión impostora). Estos patrones de pensamiento amenazaban con robarle el gozo de su nueva fe.

La inmensa montaña de todo lo que *no era* eclipsaba la bondad de Dios que lo buscó y lo salvó. Como una densa neblina, los *si solo* de su emergente camino en el discipulado amenazaban con entenebrecer su vista de la misericordia de Dios. No podía mantenerse al paso con su yo impostor. Las heridas de su pasado le acusaban: ¿cómo podía Dios usar a alguien que estaba tan por detrás de los demás?

El bálsamo sobrio y corrector de la Palabra de Dios vino a mi joven amigo de donde menos esperaba: «En todo caso, vivamos de acuerdo con lo que ya hemos alcanzado» (Filipenses 3:10, NVI®). Es un versículo escondido detrás de la magistral declaración de Pablo acerca de seguir adelante, olvidar lo que queda atrás y proseguir hacia la meta (versículos 12–14). Pablo exhortó a los filipenses a recordar que, aunque todavía había mucho por andar, Dios los estaba llamando a vivir fieles allí donde estaban ahora.

Dios usó aquel pequeño versículo para recordarnos a los dos que debíamos ser fieles y obedientes a lo que nos mostraba ahora. Pudimos confrontar sus remordimientos de fantasía: las comparaciones *si solo* con su yo imaginario, que se había convertido en cristiano mucho antes y había experimentado a Dios de maneras más profundas que él. ¿Quién le decía dónde debía estar ahora? ¿Quién establecía la línea de su crecimiento? ¿Quién había creado la curva de crecimiento con la que se comparaba? ¿Cómo sabía que estaba en el fondo del percentil? ¿Dios? Revelamos la mentira por lo que era. La versión impostora de sí mismo era la que sostenía en su mano la curva de crecimiento sobre mi amigo.

Pensando mejor acerca de esta batalla sutil que enfrentamos, he comprendido que la presión de estar donde creemos que deberíamos estar es diferente a la ambición de crecer y convertirnos en algo mejor. En esta última, hay un deseo que debe producir la obra santificadora de Dios. Es lo que Pablo describe al decir: «Sigo avanzando hacia la meta para ganar el premio que Dios ofrece mediante su llamamiento celestial en Cristo Jesús» (versículo 14). Su deseo era conocer a Cristo, ser como Él en su sufrimiento, y lograr resucitar de entre los muertos (versículos 10–11). No lo había logrado; por lo tanto, lo hizo su meta. Esta ambición es buena, anclada en esperanza y gloria, y fluye de la convicción de que la gracia de Dios llevará fruto en nuestra vida.

Por el contrario, los remordimientos *si solo* tratan de motivarnos mediante de comparaciones que gritan:

«Nunca eres lo suficientemente bueno, nunca has logrado lo suficiente, pero deberías haberlo hecho. Así que ponte a trabajar». Los remordimientos *si solo* presumen que deberíamos tenerlo todo bajo control, y puesto que no es así, somos un fracaso colosal. De esa forma niegan sutilmente lo que Dios dice en realidad acerca de nosotros: somos inútiles y dados a vagar, persiguiendo imprudentemente aquello que nos lleva a la muerte. Aun nuestro yo imaginario no es suficiente para ganar la aprobación de Dios sin la obra de Cristo por nosotros.

Filipenses 3:16 nos invita a considerar dónde estamos ahora, no a compararnos con dónde pensamos que deberíamos estar o dónde los demás piensan que deberíamos estar. Pablo nos llama a preguntarnos: «¿Dónde estoy en realidad?». Como lo dijera Mark Buchanan: «Cuando digo reimaginar nuestra vida [...] no me refiero al deseo de: "Oh, si solo...". Lo que digo es que vemos nuestra vida en su verdadera luz, por lo que es verdaderamente, y sabemos lo que es importante y lo que no»[9].

Si ves tu vida en su verdadera luz, verás una verdad sobria. Dios no comparará tu verdadero yo con tu yo impostor, porque la versión impostora no existe. Dios solo conoce lo verdadero. Esto significa que cuando te sientes culpable ante Dios porque no has alcanzado tu yo imaginario, cuando confiesas «Dios, perdóname por no haber aprendido eso a estas alturas. Debería haber llegado más lejos», Dios te dice: «¿En comparación con quién? ¿Con quién te estás comparando?».

Thomas Merton lo explicó en detalles más elocuentes: «[El yo impostor] es el hombre que quiero ser pero que no existe, porque Dios no lo conoce. Mi yo falso y privado es el que quiere existir fuera del alcance de la voluntad y el amor de Dios; fuera de la realidad y fuera de la vida. Y ese yo no puede evitar ser sino una ilusión»[10].

Esta es la verdad que te puede hacer libre: el lugar donde te encuentras ahora, el lugar que parece tan desagradable comparado con donde deberías estar, es precisamente donde Dios quiere encontrarse contigo con su gracia. Nunca podrás ser tu yo imaginario, ni quieres serlo tampoco, porque incluso tu versión impostora se queda corta. Es más, es por eso por lo que Dios no te compara con tu yo imaginario. Te compara con Cristo. Y si piensas que hay un vacío grande entre tú y tu impostor, Jesús está en un universo diferente en términos de su perfección.

La buena noticia es que Dios sabe que nunca podremos ser como Jesús sin su intervención continua. Además, Jesús murió en tu lugar para que pudieras tener su perfección. Por medio de la cruz, Él revela nuestra noción fantástica de que *si solo* pudiéramos ser nuestro yo imaginario, entonces seríamos amados. Nos invita a crucificar nuestro yo imaginario y recibir la gracia verdadera para poder ser lo que Dios en realidad quiere que seamos como el reflejo de su Hijo.

Así llamamos por su nombre a nuestros *si solo*. Elegimos creer que Dios desea darnos lo que necesitamos allí donde estamos. Los *si solo* nacen de nuestros deseos, y eso es muy diferente a la esperanza. Las ilusiones llevan al remordimiento. La esperanza lleva a la determinación fundada en las promesas de Dios.

CUANDO *SI SOLO* SE CONVIERTE EN *AUN SI*

La forma de declarar *aun si* sobre tus *si solo* es identificar y nombrar tus remordimientos. No podrás evitar sentir remordimientos, pero descubrirás que si los nombras y vas a Dios, Él te llenará con lo que necesitas.

En Juan 11, Jesús tuvo un intercambio tierno con tres hermanos que eran sus amigos queridos. Jesús amaba profundamente a María, Marta y su hermano Lázaro. Pero cuando Lázaro enfermó, Jesús retrasó su visita. Cuatro días después de morir Lázaro, Jesús por fin llegó a Betania, y Marta vino a su encuentro antes de que llegara a la casa. María estaba afligida (¿quizá desilusionada por su demora?), así que se quedó en la casa.

Marta le presentó su remordimiento *si solo*. «Señor, si [solo] hubieses estado aquí, mi hermano no habría muerto» (versículo 21). Finalmente, María salió y dijo lo mismo, pero con más pasión. «Se postró a sus pies, diciéndole: Señor, si hubieses estado aquí, no habría muerto mi hermano» (versículo 32). *Si solo* Aquel que sanó a los extraños con decir una palabra o tocar el borde su manto hubiera llegado a tiempo para sanar a su amigo.

Marta nombró su remordimiento, pero no se quedó allí. «Mas también sé ahora que todo lo que pidas a Dios, Dios te lo dará» (versículo 22). El remordimiento abrió el camino a la confianza y la convicción, con una pizca de determinación. No te pierdas el susurro sutil de una declaración *aun si*: «*Aun si* la muerte parece ser el veredicto final, yo confío en ti».

Marta ni siquiera estaba pensando en la resurrección inmediata. Su diálogo con Jesús muestra que no tenía expectativas de que Jesús resucitara a Lázaro excepto al final de los tiempos. Solo pudo reconocer que confiaba en el poder de Jesús y lo que pudiera haber hecho. Entonces Jesús hizo lo inconcebible con su remordimiento. Resucitó a su hermano.

Como los de María y Marta, nuestros remordimientos *si solo* pueden destacar nuestro deseo supremo del único Dios que puede salvar. Anhelamos al que puede salvarnos de nuestro pasado roto y puede hacer de nuestra vida algo mejor que la versión nostálgica y romántica con la que a menudo nos conformamos. Al confrontar nuestros remordimientos, podemos aprender a declarar *aun si* poniendo nuestra confianza en la bondad de Dios, quien nos salvó de nuestra propia ruina pagando un gran precio.

Haz esta declaración: «*Aun si* mi vida no está a la altura de la que imaginé, *aun si* cargo con las consecuencias de un pasado que no me he perdonado, o *aun si* lo bueno que Dios ha hecho por mí es solo un recuerdo, adoraré a Aquel que me ha perdonado, aquel que es por mí y no me quita ningún bien, Aquel que siempre será bueno».

Pon tus remordimientos en su lugar con tu declaración *aun si*. Quítales todo el poder nombrando tus pecados y creyendo que Jesús murió por ellos. «*Aun si* no puedo deshacer mi pasado, te adoraré, Dios, porque me has lavado y perdonado. Necesito que tu misericordia me proteja de cometer los mismos errores».

Puedes darle gracias a Dios por tu pasado dorado y creer en su bondad para contigo ahora mismo. Con gratitud declara: «*Aun si* nunca me acerco de nuevo a mis años dorados, te adoraré, Dios, porque tú puedes hacer más de lo que hiciste entonces».

Descubre a tu yo imaginario e impostor: «*Aun si* pierdo toda batalla contra mi yo impostor, te adoraré, Dios, porque Jesús me amó y murió por mi yo verdadero, el que se conformará a su imagen».

El profeta Isaías exhortó al pueblo de Israel después de un tiempo de juicio:

> No os acordéis de las cosas pasadas,
> ni traigáis a memoria las cosas antiguas.
> He aquí que yo hago cosa nueva;
> pronto saldrá a luz; ¿no la conoceréis?
> Otra vez abriré camino en el desierto,
> y ríos en la soledad (Isaías 43:18–19).

Dios nos llama a salir de nuestro pasado, de lo imaginario, a una realidad que Él está creando, donde cumple su promesa mayor de redención y restauración. Con esta convicción decimos: «*Aun si* la vida no es lo que fue en el pasado, *aun si* lo que imagino nunca se hace realidad, confiaré en la bondad del Dios que me trajo hasta aquí y no me ha olvidado. Confiaré en el Dios que está haciendo una cosa nueva».

Controladores del mundo... únanse

6

(de manera cautelosa y apropiada)

RESPIRA PROFUNDO. Hemos braceado aguas profundas, hemos examinado los *contra si* que no nos permiten vivir la vida *aun si*: las condiciones *solo si* que le ponemos a Dios, exigiendo que haga nuestra voluntad; los remordimientos *si solo* que nos mantienen atrapados en el pasado o encadenados a una versión ficticia de nosotros mismos y nos ciegan a las cosas nuevas que Dios está haciendo a nuestro alrededor.

La declaración *aun si* nos llama a recordar la bondad de Dios y decidir adorarle, sobre todo cuando la vida no tiene sentido. Recordamos su fidelidad, su carácter inmutable y su buen propósito para nuestra vida. A pesar de las condiciones incumplidas y los remordimientos que todavía pueden persistir, decimos: «*Aun si* no fue lo que esperaba o quería, te adoraré».

Antes de hablar de las prácticas que dan forma a una vida *aun si* (una cosa es declararla y otra es vivir por ella), consideremos un *contra si* más: los *qué tal si* que vienen cuando nos enfocamos en las contingencias.

Todo buen plan requiere medidas de contingencia. Al planear los resultados deseados, un líder sabio hará las gestiones necesarias para anticipar las variables que pueden afectar el plan. Si el escenario cambia, el plan adopta las medidas de contingencia. Los eventos que dependen del clima tienen fechas alternativas en caso de lluvia. Las escuelas tienen planes de cierre por emergencia. Los grupos de viaje tienen «lugares de reunión» en caso de que alguien se separe en una multitud. Aun en medio de la pandemia de COVID-19, nos enfrentamos a todo tipo de contingencias acerca de cómo sería la reapertura.

Aunque no las reconozcamos, las contingencias son parte de nuestra vida diaria. Lo veo en mi propia familia en la crianza de nuestros hijos. Mi hijo mayor es el responsable que cumple todas las reglas. Sí, el orden de nacimiento es real, y después de cinco hijos, confieso de corazón que la crianza tiene mucho que ver. Fuimos supercuidadosos con él. Nunca le dimos alimentos procesados. No, tan pronto como pudo comer más que puré, se atracaba de albóndigas hechas en casa a mano y vegetarianas. Fue la única vez que hicimos algo a mano para alguno de nuestros hijos. Le desinfectábamos las manos constantemente. El baño era parte de la rutina de cada noche.

Ahora es perfectamente aceptable encontrar al más pequeño debajo de la mesa comiendo las migajas que se le cayeron a uno de sus hermanos quién sabe cuándo. Mi esposa y yo hacemos ejercicios colectivos de memoria para recordar la última vez que los más pequeños se bañaron.

Además de exhibir las tendencias más estereotípicas del primogénito, nuestro hijo mayor es singularmente cauteloso y prudente. Tan pronto como pudo hablar comentaba sobre mi forma de conducir y expresaba su preocupación por la seguridad de su asiento de auto. «Papá, ¡vas demasiado rápido!» era parte de nuestras conversaciones regulares en el auto, interrumpidas por un canto casual de «Estrellita, ¿dónde estás?» o «Mi Dios es tan grande». Nada demasiado raro para la mayoría de los niños.

Pero entonces su precaución iba al próximo nivel.

«Papá, ¿tenemos suficiente combustible?».

«¿Estás seguro de que este es el camino?».

«¿Llegaremos tarde?».

«¿Y si la otra persona llega tarde?».

Y cuidado con que se encendiera la luz que indica que el tanque está casi vacío (o cualquier otra luz en el salpicadero). Si nos tocaba una congestión de tráfico inesperada, eso podía resultar en un colapso emocional.

Al crecer, algunas de esas tendencias cautelosas han permanecido. No se arriesga por cualquier cosa. Es confiable y responsable. Sus hermanos le llaman no muy afectuosamente «el tercer padre». Disfruta de la aventura, pero necesita un plan a seguir. No le gustan las sorpresas ni los cambios inesperados, que no es un rasgo muy conveniente cuando tienes cuatro hermanos y los planes cambian con cada enfermedad o con el humor. Cuando el día no va como él espera, su desilusión es contagiosa.

Es solo cuestión de tiempo antes de que empiece a crear sus propios planes de contingencia para no depender más de la sabiduría de sus padres. Por su propia cuenta considerará todo lo que puede salir mal y tendrá su propia solución, asegurándose de que puede lograr lo que desea sin importar lo que se le cruce en el camino.

La mayoría de ustedes pensarán: *¿Qué tiene de malo un plan? ¿No denota eso que es responsable y sabio? Me gusta tu hijo.*

Yo lo adoro también, y hacer planes de contingencia no tiene nada de malo. Pero si no se controlan, los planes de contingencia pueden, sutilmente, hacer que tomemos el lugar de Dios. Pueden debilitar nuestra determinación de confiar y adorarle fortaleciendo nuestra determinación de confiar en nuestros propios planes y nuestra capacidad para liberarnos a nosotros mismos. En muchos sentidos, los planes de contingencia son el intento de evitar el horno.

Como en los *contra si* anteriores que hemos visto, nuestra declaración *aun si* es una manera de vivir con más libertad y audacia, y nos salva de la tiranía de tener que proteger nuestro propio destino y cuidar de nosotros mismos.

CÓMO DESENMASCARAR NUESTRO PLAN DE CONTINGENCIA

Los planes de contingencia fluyen de nuestro deseo de controlar. Al anticipar todas las posibilidades en una situación dada, tratamos de adivinar el futuro y prepararnos para la respuesta necesaria. Lo hacemos preguntando una y otra vez: «*¿Que tal si…?*». Al igual que los remordimientos de fantasía, los *y si* viven en un mundo imaginario. La diferencia es que mientras que los *si solo* comparan dónde estoy ahora con dónde me imagino que debería estar, los *qué tal si* comparan la versión futura de mi vida con otras posibilidades futuras.

La joven ambiciosa al principio de su carrera o vida familiar hace varias versiones de un plan de cinco años. La versión principal dirige las decisiones de hoy, y la de reserva es para el caso de que llegue un ascenso antes de lo esperado o un niño cambie el cuadro. Algunos tienen planes de contingencia para sus planes de contingencia.

Adultos sinceros y trabajadores pasan largas horas revisando los *qué tal si* de sus planes de retiro y gestión patrimonial, calculando su valor según la bolsa sube y baja.

Padres esperanzados consideran meticulosamente los *qué tal si* de la educación de sus hijos y se aseguran de que tengan acceso a todas las actividades extracurriculares y oportunidades de crecimiento que los mantengan en el percentil más alto.

En medio de la enfermedad, pacientes y cuidadores deben preguntar los *qué tal si* de sus planes de tratamiento. Cada decisión y acción depende de la próxima gota de información y la reacción del cuerpo. Contingencia tras contingencia.

Los *qué tal si* no están limitados a estas decisiones importantes. A diario nos preguntamos *qué tal si* ante las situaciones inmediatas con las que nos enfrentamos. *¿Qué tal si fracaso en este proyecto? ¿Qué tal si no les caigo bien? ¿Qué tal si descubren quién soy en realidad?*

Los *qué tal si* son inevitables. Es lo que hacemos con ellos lo que puede ir en dirección contraria a una fe determinada y constante. Al no estar dispuestos a aceptar la posibilidad del fracaso o de resultados para los que no estamos preparados, nos afanamos en nuestros planes de contingencia y tratamos de administrar las vidas que inconvenientemente están más allá de nuestro control. Y nuestros planes de contingencia nunca están solos. Siempre vienen acompañados de la ansiedad y el temor cuando nos preguntamos: «*¿Qué tal si* mis planes no funcionan?». El resultado es una preocupación neurótica con nuestros planes que crece con cada pensamiento de ansiedad.

A nadie le agrada estar ansioso o tener miedo. Así que hacemos todo lo posible para minimizar o evitar problemas. Y esto, a su vez, alimenta la ansiedad. Cuando nos imaginamos lo que puede pasar, las amenazas en el horizonte, duplicamos nuestros planes de contingencia y el ciclo se repite en continuas rondas de *qué tal si*. Todos hemos experimentado lo que describe Max Lucado:

La ansiedad es una lluvia de meteoros de «qué tal si…?». ¿Qué tal si no cierro la venta? ¿Qué tal si no recibo el incentivo? ¿Qué tal si no podemos pagar los aparatos dentales de los chicos? ¿Qué tal si mis hijos tienen los dientes torcidos? ¿Qué tal si los dientes torcidos provocan que no tengan amigos, una carrera o una pareja? ¿Qué tal si terminan en la calle, hambrientos, con un letrero que diga: «Mis padres no pudieron pagar por mis aparatos»?[1]

Hay que reconocer que escribir el progreso del ciclo lo hace parecer tonto, pero en el momento, la ansiedad es una lucha muy real y amenazante. Nuestra imaginación corre desbocada, y hacemos planes de contingencia como respuesta.

La fuerza y la cantidad de nuestros planes de contingencia se basan en los recursos que creemos tener a nuestra disposición. Cuanto más creemos que tenemos la capacidad de controlar nuestra vida, más planes de contingencia crearemos. Cuanto más pensamos que estamos a nuestra suerte, más dependeremos de nuestra propia fuerza y sabiduría. Cuando sentimos que las cosas están más allá de nuestro control, buscamos la manera de reforzar nuestros recursos y salvarnos de la situación.

Así, los planes de contingencia son un medio de autoprotección. Cuando imaginamos cómo la vida puede irse a la deriva, tratamos de cubrir todos los frentes y mantener el control. La vida puede intentar sabotear nuestros mejores planes, pero seremos más listos y tendremos otros mejores. «Estar preparados» es la regla de fe de los que hacen planes de contingencia. Hasta tratamos de justificarlo como responsabilidad o buena planificación, sin darnos cuenta de que estamos tratando de controlar y, en esencia, jugar el papel de Dios.

En su sermón más famoso, Jesús habló de nuestra tendencia a hacer planes para los *qué tal si*. Les dijo a sus discípulos: «Por eso les digo: No se preocupen por su vida, qué comerán o beberán; ni por su cuerpo, cómo se vestirán. ¿No tiene la vida más valor que la comida, y el cuerpo más que la ropa?» (Mateo 6:25, NVI®).

No ignores el hecho de que esta exhortación contra la ansiedad viene a continuación de la declaración de Jesús de que nadie puede servir a dos señores (versículo 24). En el fondo, estaba haciéndonos ver la tendencia de confiar en nuestras propias habilidades y recursos. En ninguna otra parte Jesús señala un rival específico de nuestro afecto.

En otras palabras, no te preocupes por tratar de proveer para ti mismo. No les prometas lealtad a tus propios recursos. Así es que planificamos para las contingencias: asignamos nuestros recursos para asegurarnos de que suceda lo que queremos que suceda. Mientras tengamos suficientes recursos, pensamos que podemos enfrentar cualquier cosa. Y si no tenemos suficiente, la ansiedad nos gobierna.

Su corrección para confiar en nuestros planes de contingencia es recordar que «el Padre celestial sabe que ustedes las necesitan [todas estas cosas]» (versículo 32). Él nos señaló al carácter sabio, bueno y providencial de nuestro Padre celestial: todas expresiones matizadas de su bondad. Él sabe lo que necesitamos, dijo Jesús, y nos proveerá igual que lo hace por las aves del cielo y las flores del campo. Nuevamente, esta es la primera parte de la vida *aun si*: recordar la bondad de tu Padre.

EL NACIMIENTO DE UN PLAN DE CONTINGENCIA

Con una idea de por qué hacemos planes de contingencia (el instinto de conservación y la necesidad de controlar), ahora podemos ver cómo se forman. Los planes de contingencia generalmente comienzan de una de dos maneras. La primera es armarnos de más conocimiento. El razonamiento es que cuanto más sepamos acerca de algo, más podemos garantizar el éxito de nuestros planes. Esta es la fase de investigación y desarrollo de nuestros planes de contingencia.

Si alguna vez te has visto en una situación donde te has sentido impotente, probablemente te hayas metido de lleno en Google. Generalmente pasa esto: te enfrentas a un diagnóstico o un reto que te preocupa. Vas a Google, Siri o le preguntas a Alexa. Examinas los resultados y haces clic en el enlace que te parece más legítimo. Un artículo te lleva a otro. Las investigaciones y estudios de casos hacen referencia a otras situaciones que están muy convenientemente hipervinculadas, y te encuentras hasta el cuello en todo tipo de escenarios, testimonios y soluciones recomendadas que funcionaron para alguien en algún lugar.

Tratas de tomar notas de todo, quizá hasta diseñas alguna manera de hacer notas de pie de página y referencias cruzadas, pero finalmente te das por vencido. Los minutos se convierten en horas. Cuantos más clics haces, más te abrumas por la cantidad de información que tienes, y tu imaginación corre desbocada porque ahora tienes más escenarios que considerar de lo que pensaste al principio. Con cada escenario tienes más *qué tal si* de lo que nunca creíste posible.

Hazle una simple pregunta médica a Google, y ahora tienes miles de cosas que pueden salir mal con un procedimiento médico que tiene una tasa de éxito del noventa y nueve por ciento. Quizá sepas ya la calificación del médico que has consultado, y has encontrado un millón de medicinas experimentales que han funcionado. Hasta sabes las opciones del menú de la cafetería del hospital para el tiempo postoperatorio y cuándo puedes pedir el helado de naranja que no está en el menú.

O si estás buscando para hacer una compra en el futuro, lees y relees comentario tras comentario del producto o el vendedor. Aprendes acerca de todas las calificaciones de seguridad y las retiradas de producto por parte del fabricante. Lees sobre la experiencia de otros. Ves cuánto cuesta. Advertencia tras advertencia, recomendación tras recomendación, te dan un montón de opiniones conflictivas. En tu esfuerzo por ser un consumidor educado, al final de tu investigación te sientes bloqueado y agotado.

Bienvenido al agujero negro de la sobreinvestigación, donde tienes tanta información que sufres de parálisis por análisis. Tantos escenarios te corren por la cabeza que tienes miedo de dar un paso porque te imaginas que puede ser indebido. Lo que comienza como una forma de ayudarte a sentirte en control termina controlándote cuando toma el timón el *qué tal si*, alimentándose de la información que has recolectado. Involuntariamente has construido una red de hierro de contingencias que te sobrecogen como un código fiscal con más escenarios de los que necesitas.

Raramente una investigación exhaustiva en Google nos trae confianza o paz. Y la desagradable realidad permanece: tenemos poco control sobre el verdadero resultado de cualquier decisión que tomamos, sin importar cuánta información haya entrado en el proceso.

No estoy desechando el lugar que tiene la investigación, hacer buenas preguntas y aprender todo lo que podamos. Eso es sabio. Pero debemos estar atentos a la tendencia del corazón de buscar conocimiento como una manera de cubrir nuestras apuestas, mantener el control y, al final, tratar de ser dios. No subestimes la inclinación del corazón hacia la autodeificación. Así como al principio en el huerto (Génesis 3:5–6), buscamos ciertos conocimientos con la meta de ser como Dios. Nuestros planes de contingencia se convierten en pequeños decretos: «Así he dicho: sea hecha mi voluntad».

En estos tiempos en los que tenemos más información disponible que nunca, el discernimiento y el dominio propio son más importantes que nunca. Todos nuestros intentos de investigar y estar más informados deben someterse al Señor, quien sabe todas las cosas. «Lo secreto le pertenece al SEÑOR nuestro Dios, pero lo revelado nos pertenece a nosotros y a nuestros hijos para siempre, para que obedezcamos todas las palabras de esta ley» (Deuteronomio 29:29, NVI®). Hay cosas que Dios quiere que sepamos para que obedezcamos y confiemos en Él. Hay muchas más que no debemos saber.

Dios nos llama a usar nuestra mente para saber vivir de manera sabia y valiente. Él quiere que contemos el costo y consideremos las opciones, pero nunca renuncia a su derecho de tener la última palabra. Nos revela la verdad por su bondad, pero también nos llama a confiar en Él con lo que quedó en secreto. Después de terminar la investigación, todo *qué tal si* debe ser entregado a la determinación confiada de una fe *aun si* que reconoce que Dios sabe lo que hace y eso es suficiente para nosotros.

LA INSISTENCIA TERCA

Una segunda manera de formar nuestros planes de contingencia es tratar de controlar nuestro ambiente. Mientras que la investigación exhaustiva es un intento de controlar una situación mediante el conocimiento, también podemos intentar controlarla por pura voluntad.

Cuando uno de mis hijos crea una escena de Lego, busca un lugar lejos del paso de sus hermanos. Y terminamos con escenas de Lego individuales por toda la casa. Le he visto construir un campo de batalla detrás del sofá, debajo de la ventana, solo para alejar a sus hermanos. Otro construirá sobre la mesa del comedor, lo suficientemente alto para que los más pequeños no alcancen.

Nadie toca los Lego sin permiso. Cada localización y movimiento posterior están escritos con precisión. El constructor sabe cuándo una pieza ha sido movida o «tomada prestada» por el hermano del otro lado de la habitación. De una forma que compite con los protocolos de seguridad de un laboratorio de enfermedades infecciosas, el constructor se asegura de que nada entra o sale excepto el personal autorizado. Todo está estrechamente controlado.

Nosotros hacemos lo mismo en la vida con nuestros planes de contingencia. Levanta tu mano si alguna vez has preparado un horario para asegurarte de aprovechar al máximo todas las horas del día sin interrupciones. O si alguna vez has microgestionado a tus empleados o has sido un «padre helicóptero» sobre tus hijos, observando los detalles más mínimos para asegurarte de que todo salga como quieres. ¡Y no hablemos de los planes para las vacaciones!

«Pero yo quiero lo mejor para mis hijos», razonas. «Quiero asegurarme de que el equipo hace su mejor trabajo». «Quiero disfrutar al máximo de las vacaciones con las mejores experiencias y el mejor rendimiento», dice el líder militante de un viaje cuya investigación y plan hacen que Tripadvisor sea una operación de aficionados.

Como la investigación, planear no tiene nada de malo. Pero para los controladores entre nosotros, ¿cómo reaccionas cuando el plan se ve amenazado? Cuando enfrentas la más mínima posibilidad de que algo inesperado pueda ocurrir, tu reacción puede ser una clave. ¿Respondes con flexibilidad y te ajustas? ¿O te inclinas y agarras el timón con más fuerza para mantener el rumbo original?

Pasas al próximo objetivo en la línea de tiempo; alcanzas el siguiente punto de referencia. Aplicas presión; le das al látigo si parece que te estás desviando de tiempo o de rumbo. Este tipo de plan de contingencia reacciona con fuerza veloz para disipar la más mínima interrupción posible, sin importar qué o quién es. Haces lo que tengas que hacer para controlarla.

De nuevo, esta es una fórmula para la ansiedad y la desilusión porque la vida nunca permanece dentro de los parámetros de nuestros planes. Max Lucado explica el ciclo: «Por esto las personas más estresadas son fanáticas del control. No consiguen lo que más persiguen. Mientras más intentan controlar el mundo, más se percatan de que no pueden. La vida se convierte en un ciclo de ansiedad, fracaso; ansiedad, fracaso; ansiedad, fracaso. No podemos tomar el control porque el control no nos corresponde»[2].

Esta sección la escribo en medio de una pandemia causada por el coronavirus. Si alguna vez ha habido un momento donde dominen los *qué tal si*, es ahora. La incertidumbre y el miedo palpable nos rodean. El ambiente va mucho más allá de nuestra capacidad de control. No sabemos quién puede ser un portador asintomático. No podemos confiar en los lugares normales donde vivimos. Por eso todo se cerró. Las escuelas. Los restaurantes. Hasta el centro comercial, esa gran institución estadounidense de discipulado comercial, cerró. Los gobiernos revisan una y otra vez una variedad interminable de planes de contingencia para la reapertura, todo mientras se preparan para una segunda ola.

A nivel personal, los hogares también hacen todo tipo de planes de contingencia. «¿Salgo?». «¿Podré volver a la iglesia?». «¿Es seguro reunirnos?». «¿Puedo permitirles a mis hijos jugar con sus amigos?». «¿Qué pasará con los colegios?». «¿Cuándo recuperaré mi salud mental?». Cada incertidumbre trae consigo una serie de *qué tal si* con sus planes de contingencia correspondientes.

El pánico de los *qué tal si* se vio con más claridad al principio de la cuarentena. Al comenzar los cierres experimentamos la nunca antes vista escasez de papel higiénico. Sí, esa ración necesaria para sobrevivir a un apocalipsis, un salvavidas de cuarentena envuelto en un cilindro de cartón. Los estantes en las tiendas de víveres (¡hasta en Costco!) estaban totalmente vacíos donde debían estar el papel higiénico y las toallitas para desinfectar. El desinfectante de manos era oro líquido; de seguro que se vendía más caro que un barril de petróleo. Gente con buenas intenciones, pero llenas de pavor, sucumbieron al pánico de comprar artículos para el hogar «por si acaso». Las tiendas tuvieron que responder con reglas estrictas de «un paquete por cliente» y recordatorios de «compre solo lo que necesita».

¿Has considerado alguna vez por qué amontonábamos las cosas (y en algunos casos todavía lo hacemos)? Me pregunto si es nuestro intento por llevar a cabo nuestros planes de contingencia en medio de lo incontrolable. Amontonar está basado en el miedo de «*¿Qué tal si* no tengo suficiente?*». «*¿Qué tal si* alguien se lleva el último y me quedo con las manos vacías?». Nos imaginamos en la calle, careciendo de las necesidades básicas. Oímos en nuestra cabeza las voces de nuestra familia culpándonos por no cuidar de sus necesidades primordiales. Y compramos más de lo que necesitamos.

La mayoría de la gente no está frenética cuando va camino de la tienda. Pero al igual que con el COVID-19, basta una sola persona para iniciar el contagio. Una persona comienza a echar demasiadas cajas de agua y cantidades masivas de papel higiénico en un carrito de compras, y la ansiedad de *qué tal si* impulsa una carrera para comprar pan, huevos, leche y papel higiénico. Los planes de contingencia se apoderan de nuestro sentido común y hasta de nuestro amor por el prójimo. Un *qué tal si* nos lleva a otro, y nuestros carritos de compra se llenan casi tan rápidamente como la ansiedad arrolla nuestra imaginación. El próximo paso lógico es ejercer nuestra voluntad de controlar por medio de nuestro poder consumidor.

LAS BARRERAS QUE CONSTRUIMOS

Lo que hacemos a nivel de consumidor en una pandemia, también lo hacemos a nivel de nuestras relaciones. Todas las relaciones traen con ellas inseguridad y la posibilidad de cambio inherente. La imprevisibilidad de otra persona puede causar muchos *qué tal si*, y nosotros tratamos de controlar y proteger lo que amamos. Esto puede traernos mucha frustración (y hasta asfixia) si intentamos mantener las relaciones dentro de los confines de nuestra voluntad.

En sus memorias, Sheldon Vanauken describe esta experiencia en su matrimonio. Al principio de su camino juntos, Sheldon y su esposa, Davy, determinaron mantener su compromiso matrimonial. Además de las prácticas normales que pudiéramos esperar para fortalecer un matrimonio, también determinaron anticipar y prevenir cualquier cosa que lo amenazara. En parte por causa de su amor, pero más que nada por miedo, erigieron un muro llamado «la barrera resplandeciente» para proteger la pureza y fidelidad de su amor[3]. Como un muro que protege algo precioso de las fuerzas externas, esta barrera fue su intento de proteger su amor controlando todas las influencias.

No irían tras intereses individuales, tenían que compartirlo todo. «Si a alguno de los dos le gusta *algo*, debe haber en ello algo que guste, y el otro debe encontrarlo. Todo lo que le gusta a uno de los dos. Así crearemos mil hebras, grandes y pequeñas, que nos unan. Entonces, estaremos tan unidos que será imposible (inconcebible) que ninguno de los dos podrá jamás suponer que puede recrear esta intimidad con otra persona. Y nuestra confianza el uno en el otro no solo se basará en el amor y la lealtad, sino en el hecho de esas mil cosas que compartir, mil hebras enredadas en algo que no se puede romper»[4].

Crea suficientes vínculos, pensaron ellos, y no escogerás a otra persona; es más, *sería imposible*. Sheldon y Davy construyeron lo que creyeron que era una conexión impermeable y segura donde podían asegurar que sus deseos de amor siempre serían saciados. Lo que parecía ser un medio para lograr la intimidad era un plan para garantizar, y hasta forzar, la intimidad. Decidieron no tener hijos, pues los hijos podrían interponerse entre ellos y llevarse el afecto del otro.

Sin usar la palabra exacta, el compromiso de Sheldon a Davy estaba lleno de *qué tal si*. «*¿Qué tal si* se apaga el amor?». «*¿Qué tal si* viene otro?». Su compromiso con su esposa se convirtió en una serie de planes de contingencia (intereses compartidos, exclusividad, dependencia mutua) para asegurar la devoción. Nadie podía penetrar la barrera resplandeciente de su amor; ni siquiera Dios.

Hasta que Él lo hizo. A pesar de todos nuestros intentos para controlar la vida, Dios tiene su manera de recordarnos que no tenemos el control. La vida sucede. Y por medio de lo inesperado, la gracia de Dios atravesó la defensa de los Vanauken, saturándoles el corazón y suavizando su resistencia.

El verdadero amor de Dios rompió la barrera resplandeciente, la absorbió, y Dios los invitó, comenzando con Davy, a experimentar un amor más profundo del que sus planes de contingencia podrían producir. Davy se entregó al inigualable amor de Dios en Cristo. Al principio,

Sheldon se negó. El desplome de sus planes de contingencia, el derrumbe de su barrera, parecía una amenaza a su necesidad de proteger su amor.

Vio la intervención como una invasión de su voluntad, no como una invitación a experimentar lo que había anhelado hasta ahora. En medio de su rechazo terco de dejar entrar a Dios, sus celos por la relación de Davy con Dios aumentaron. Dios se convirtió en otra variable que tenía que ser eliminada. Pero no podía. No podía competir con la belleza y la atracción de Dios.

Davy enfermó, y fue mediante esta lenta tragedia de perderla que él se entregó. Se dio cuenta de que el amor que en realidad quería y necesitaba, el amor que la barrera resplandeciente debía proteger, se encontraba en el amor de Dios. La bondad que ambos buscaban la experimentarían solo cuando ambos la experimentaran en Dios, no entre ellos. Dios era el anhelo supremo de ambos.

Sheldon comprendió que sus intentos de proteger su propio amor en realidad estaban quebrantando la ley del amor, tanto hacia Dios como hacia su prójimo. La cuestión no era su compromiso de amarse como esposo y esposa. Esposo y esposa, por diseño de Dios, son una sola carne. Esto es hermoso y santo. Pero sus intentos de asegurar su amor por medio de sus diferentes planes de contingencia los cegó al verdadero propósito y fuente de amor, Dios mismo.

Una vez que Sheldon se entregó al amor de Dios, esto abrió su propio capítulo *aun si.* Al morir su esposa, su mentor, C. S. Lewis, le ayudó a comprender la noción de la misericordia severa, el medio por el cual Dios le salvó de las consecuencias de la barrera resplandeciente. Su amor los hubiera sofocado hasta la muerte. En cambio, como su amor fue plantado nuevamente en la bondad y belleza de Dios, ni siquiera la muerte física pudo extinguirlo.

«Si mi razonamiento (mi juicio) es cierto, su muerte en el cariño de nuestro amor [...] salvó a nuestro amor de morir de una de las otras maneras en que el amor puede morir. ¿No sería preferible que nuestro amor atravesara la muerte y no el odio? Si su muerte, en realidad, tuvo estos resultados, fue precisamente una misericordia severa»[5]. En otras palabras, si Dios llama a mi esposa al hogar, lo recibiré como misericordia, aunque sea una misericordia severa.

¿Qué pasa con tus relaciones? ¿Has construido una barrera resplandeciente alrededor de tus hijos? ¿Tu esposa? ¿Tus amigos? Con tus mejores intenciones, ¿estás buscando controlar tus relaciones para huir de lo que solo Dios te puede dar?

La declaración *aun si* dice que solo Dios puede darnos lo que deseamos. Solo Él puede saciar tus deseos de verdadero amor y comunidad. ¿Podría ser que Dios te esté pidiendo que dejes de exprimir a la gente a tu alrededor para extraer aquello que solo Él puede darte? ¿Confiarás en Aquel que puede darte lo que en realidad deseas, que puede proteger lo que temes perder?

Cuando se trata de tus planes de contingencia, oro para que escuches de nuevo las palabras de Jesús: «Todo el que procure salvar su vida, la perderá; y todo el que la pierda, la salvará» (Lucas 17:33).

CÓMO CONTRARRESTAR NUESTROS *CONTRA SI*

Al cerrar esta sección sobre los *contra si*, permíteme conectar los puntos. Dios dijo esto acerca de nuestro corazón: «Como aguas profundas es el consejo en el corazón del hombre» (Proverbios 20:5).

Son muchas las variantes que influyen en lo que hacemos y por qué lo hacemos. Yo he tratado de identificar unas cuantas para comenzar. No te preocupes por tener la terminología apropiada. Solo son una manera de diagnosticar lo que sucede en el corazón. Puedes tener *contra si* que son combinaciones imprevistas de las tres categorías que hemos visto: *solo si* + *si solo* + *qué tal si*.

Los planes de contingencia son el medio por el cual cumplimos nuestras condiciones (*solo si*) y cómo nos aseguramos de que nuestros remordimientos (*si solo*) no vuelvan a suceder. De esa manera, están en una posición totalmente contraria a una vida *aun si*. Forjamos nuestros planes de contingencia como una forma de ser dios; en vez de confiar en la bondad de Dios, gastamos nuestra energía y atención en ser tan omniscientes u omnipotentes como podamos, con resultados desalentadores.

A medida que declaras tu *aun si* sobre tus *contra si*, al final es cuestión de volver a Dios, reafirmar su bondad y determinar confiar en Él, no en ti mismo, ni siquiera en lo que ves. En lugar de preocuparte por el futuro, puedes comenzar a tomarlo en tus manos, sabiendo que no importa lo que pase, Dios está contigo.

Cuando declares *aun si*, te sorprenderá ver que cada uno de los *contra si* no solo desaparece, sino que adquiere otro propósito.

- Declararás tu dependencia de Dios. En vez de que se cumplan las condiciones *solo si* de tu voluntad, buscarás la presencia de Dios como la única condición que necesitas para confiar en Él. «*Solo si* vas conmigo, Dios».
- Aceptarás el camino que Dios ha preparado para ti, con todos sus baches. En vez de los remordimientos *si solo* por los que no puedes hacer nada, experimentarás el deseo *si solo* de ver a Dios glorificado. «*Si solo* pudieras ser conocido y adorado como el gran Dios que eres».

- Comenzarás a soñar con los *qué tal si* del potencial en vez de los *qué tal si* de la precaución. ¿Qué pudiera hacer Dios aquí? ¿Cómo puede redimir? «*¿Qué tal si* Dios pudiera llevar esta situación en otra dirección?».

Al final, lo que pido para ti es que, en vez de temer los resultados posibles (*qué tal si*), exigir solo un resultado (*solo si*) o anhelar resultados imaginarios (*si solo*), digas *aun si*, porque sabes que aunque nuestros planes siempre tendrán imperfecciones y abundarán las inseguridades, el plan soberano de nuestro Padre se realizará, y será mejor que cualquiera de los nuestros. Como declaró el apóstol Pablo al final de su vida: «No me avergüenzo, porque yo sé a quién he creído, y estoy seguro de que es poderoso para guardar mi depósito para aquel día» (2 Timoteo 1:12).

TERCERA PARTE

**AUN SI
EN LA CALLE**

AL IGUAL QUE LOS concursantes en el programa estadounidense *American Ninja Warrior*, hemos corrido una carrera de obstáculos en las trincheras de nuestro corazón. Hemos atravesado una tormenta de condiciones que mutan desde los deseos sinceros hasta las exigencias que nos encarcelan; el laberinto de remordimientos que constantemente nos transportan a una vida de fantasía que no existe; incluso el pantano de contingencias que nos enredan en mil posibles escenarios con la creencia falsa de que lo podemos controlar todo.

Si te sientes cansado, o si has vuelto después de tomarte un tiempo para reflexionar y pensar, no te culpo. Es bueno hacer una pausa. A diferencia del programa de televisión, aquí nadie te cronometra ni tienes que superar el tiempo de la persona que está a tu lado. Como dijimos acerca de nuestro yo impostor, Dios revela cosas a tu corazón no porque se impaciente, sino porque está de tu parte.

Para mí, la verdad es que cualquiera o todos de esos *contra si* pueden gobernar mi corazón en cualquier momento, según cuándo me preguntes. Supero una condición, y la promesa ilusoria de un plan de contingencia me llama. O un remordimiento que creo haber vencido se reencarna como una condición para seguir adelante. Siempre habrá una complejidad. Pero por la gracia de Dios, continuaremos solucionando estos *contra si* y llevándolos ante Dios.

La lucha continua no tiene que impedir que vivamos en el *aun si* ahora. Es como ir sobre la marcha, no tienes que saberlo todo antes de dar el paso ni hacer tu declaración. Ya vas de camino. Es más, como te he exhortado, declarar tu *aun si* puede ser un paso importante para deshacer un *contra si*.

En esta próxima sección veremos algunas posturas del corazón que nos ayudarán a declarar *aun si* y algunos pasos que nos ayudarán a reforzar nuestra determinación de adorar a Dios. Algunos serán obvios, pero otros serán intrigantes, sobre todo cuando conectemos los puntos que quizá no habías visto.

No pienses en esto como «la sección práctica». No estamos entrando en la sección de autoayuda de una librería. Más bien, mira estos capítulos como el ánimo que te da un entrenador físico cuando te dice: «¡Una repetición más!». Practicaremos la declaración *aun si* aprendiendo algunos ejercicios que moldearán nuestra motivación y traerán resultados.

Si estás listo para añadir el estilo de vida *aun si* a tu declaración *aun si*, continúa leyendo y prepárate para actuar.

Todo comienza aquí 7

LA PRIMAVERA del año 2020 fue terrible. Durante el curso de esas catorce semanas más o menos, mi familia y yo tuvimos que aprender ritmos diferentes. Es más, el mundo entero tuvo que hacerlo. Las actividades simples que dábamos por hechas, como salir a comer o ir a la tienda, nos fueron arrebatadas. Las lecciones de música, los deportes y hasta los eventos de la iglesia, todo lo hicimos de forma virtual. Nos preguntábamos cómo íbamos a sobrevivir.

A medida que las semanas se convirtieron en meses, nos adaptamos. Atravesamos diferentes etapas mientras el mundo a nuestro alrededor cambiaba. Primero fue la fase: «Esto tampoco está tan mal». Todos aprendimos a usar Zoom. Claro, ver a otros en la computadora o predicarle a una cámara era un poco raro, pero una y otra vez dijimos cosas como: «Gracias a Dios porque la tecnología nos permite hacer esto». Nos sorprendimos de que la tecnología nos permitiera mantenernos conectados, y estábamos agradecidos.

Aprendimos nuevas maneras de lavarnos las manos, y nos alarmamos al descubrir cuántas veces nos tocábamos la cara en una hora. Nos desinfectábamos en cada oportunidad. Nos acostumbramos tanto a usar las mascarillas que se convirtieron en un accesorio de moda a la vez que una forma higiénica de amar al prójimo.

Luego se convirtió en una rutina. Entramos en la etapa de «Esto ya está durando demasiado». La gente en las llamadas virtuales comenzó a encajar en categorías estereotípicas. El que siempre estaba fuera durante la llamada. El del perro ladrando o el niño llorando. El que no podía entender la coordinación requerida para silenciar o activar el sonido en el momento adecuado. El que decidía cambiar el fondo virtual en cada reunión. El que nunca encendía el botón de vídeo. Lo que comenzó como idiosincrasias graciosas se convirtió en incomodidades mayores.

Comenzamos a sentir una sensación ardiente en las manos al agrietarse de tanto lavarlas. Las largas colas por el distanciamiento social en el exterior de la tienda de víveres añadían demasiado tiempo a nuestros encargos. Y no voy a mencionar la lucha de quienes tenían niños en edad escolar atrapados en casa.

Hablando de niños en casa, esa fue la tercera etapa: «Señor, ¡ayúdanos!». En esta fase aprendimos que la fatiga de la pantalla es real. Además, fue agotador que todas nuestras relaciones (sociales y laborales) estuvieran limitadas a los confines de nuestra sala, separadas por límites virtuales permeables. Nos preguntamos si alguna vez volveríamos al colegio, y ya no digamos a un concierto o un evento deportivo. Parecía desalentador, mientras anhelábamos una mejoría. Netflix solo podía ofrecernos una cantidad limitada de programas para ver.

Entonces nos presentaron la idea de la reapertura por fases. Los negocios comenzaron a abrir, primero los esenciales, luego los no esenciales. Las iglesias comenzaron a reunirse de forma limitada. Podíamos ir a la peluquería. Podíamos comer en esos lugares llamados restaurantes donde la comida aparecía como por arte de magia y nos recogían los platos vacíos. Hasta apareció una vacuna, primero en el horizonte y luego al alcance de la mano.

A medida que volvíamos a la vida normal, algo inesperado sucedió dentro de nosotros. Muchos temíamos salir. En medio de la cuarentena, anhelábamos volver a la vida que conocíamos, pero cuando nos dieron la oportunidad, muchos vacilamos.

No nos dimos cuenta de que mientras tratábamos de sobrevivir, nos estábamos transformando. Esos nuevos ritmos se calcificaban como un estilo de vida. Una combinación de restricción, necesidad y repetición formó en nosotros hábitos que ahora han hecho difícil hacer las cosas como antes.

No estoy tratando de pintar un cuadro lóbrego, sino uno alentador. En 2020 aprendimos que aunque romper un hábito es difícil, es posible. No solo posible, sino a veces absolutamente necesario. Podemos cambiar los hábitos no solo tratando de detener un comportamiento o forma de pensar, sino formando un nuevo estilo de vida. Lo que prueba tu salida de la crisis por la COVID-19 es que con suficiente repetición puedes vivir de forma diferente. En esta última sección aprenderemos cómo.

ESTA ES LA BUENA VIDA

Antes de enfocarnos en la práctica de la vida *aun si*, sería útil entender cómo nuestras acciones dan forma a aquello por lo que vivimos. En su libro *You Are What You Love* [Eres lo que amas], el filósofo James Smith nos recuerda que ante todo somos criaturas de hábito, formados por nuestras prácticas. Esto significa que somos criaturas que piensan y criaturas que actúan.

Nuestras acciones se basan en lo que valoramos, lo que Smith llama nuestro cuadro de «la buena vida»[1]. Si tu cuadro de la buena vida es seguridad financiera, ahorrarás y gastarás con sabiduría. Si es tener hijos bien equilibrados, los criarás de cierta manera. Si es dejar un legado, tu forma de gastar el tiempo será distinta a la de otro que quiere hacerse un nombre para sí mismo.

Pero no te he dicho nada que no sepas todavía. Donde Smith verdaderamente me ayudó fue cuando me mostró que no solo mis acciones surgen de mi visión de la buena vida, sino que pueden ayudar a darle forma. En otras palabras, mientras que tus deseos conformarán tus acciones y hacia dónde te mueves, lo opuesto también es cierto. Tus acciones y hacia dónde te mueves también pueden moldear tus deseos.

En cualquier momento del día hacemos cosas que nos prometen una buena vida. Smith las llamó «liturgias»[2]. Es una palabra apropiada porque generalmente pensamos en liturgias en el contexto de la adoración. Adoramos lo que creemos que tiene valor, lo que creemos que nos dará felicidad, propósito y significado.

Si no me crees, observa a la gente en el centro comercial. Si no recuerdas qué es un centro comercial, piensa en un Amazon analógico y presencial. Los escaparates están diseñados para atraerte. Te prometen: «Tu vida podría ser así». Observa la expresión en la cara de la gente cuando compran. Verás ese eterno y fugaz impulso de autoestima que viene con un par de zapatos o un vestido nuevo. Es la buena vida dentro de una bolsa. La práctica refuerza la visión.

Si alguna vez has hecho un régimen de ejercicios, comprenderás la dinámica. Cuando comienzas, crees que el ejercicio es bueno para ti. Quizá tengas en mente la visión de tu cuerpo «en forma». Pero los hábitos no están ahí. Decides dar un paso. Te apuntas al gimnasio o te compras una bicicleta. Quizá contratas a un entrenador o algún sistema de apoyo que te anime y te ayude a rendir cuentas. Tu visión pide que apliques ciertas acciones.

Si sigues el programa, los kilos comienzan a caer. Los niveles de energía aumentan. Comienzas a escuchar elogios de otros. Te das cuenta de cómo te sientes cuando te saltas un entrenamiento. Las prácticas comienzan a funcionar de la manera contraria. En vez de fluir de tu visión, comienzan a darle forma. Con el tiempo y con suficiente repetición, las prácticas se convierten en hábitos que refuerzan tu visión, aun cuando en un momento dado pierdas la motivación.

Así pasa cuando vivimos la fe *aun si*. En la primera parte de este libro examinamos los componentes de la declaración misma: *confianza en la bondad de Dios* + *determinación de adorarle*. Tratamos de descubrir los obstáculos que se nos presentan en el camino. Al hacerlo, intentamos pintar un cuadro de la clase de «buena vida» del *aun si*.

Pero comprender algo no significa que seamos expertos. Uno de mis hijos está aprendiendo a tocar la viola. Sus primeras lecciones trataban acerca de cómo sostener el arco y cómo colocar el instrumento debajo de la babilla en el ángulo adecuado. Aprendió las notas de cada cuerda, cómo afinarlo y cómo al añadir presión mientras mueve el arco sobre las cuerdas cambia la intensidad del sonido; todos los elementos necesarios para tocar la viola. Después de un mes aprendiendo estos básicos y miles de repeticiones agonizantes de una popular canción infantil, entiende cómo funciona la viola, pero aún no tiene la menor idea de cómo tocarla de verdad.

Sin duda, se requiere comprensión para ser experto, pero la maestría solo viene cuando lo que entendemos es practicado en el rigor de la vida real. Como afirma el dicho: «La práctica hace al maestro».

Para vivir una vida *aun si* de verdad necesitamos prácticas que, con suficiente repetición, puedan convertirse en una forma habitual de vivir en el mundo. Necesitamos liturgias que no solo fluyan de una fe *aun si*, sino que nos moldeen en gente *aun si*. Son muchas las prácticas *aun si* de las que podríamos hablar; algunas son únicas para tu situación y lo que enfrentas. No te ayudaría tratar de enumerarlas todas.

Más bien, como nuestro hablar y nuestras acciones fluyen del corazón, comenzaremos con las motivaciones básicas de la gente *aun si*. Estas motivaciones forman la postura de donde surge la declaración *aun si*.

Una postura es una posición natural. Probablemente has oído la voz machacante de alguien que constantemente te recuerda: «¡No te encorves! ¡Ponte derecho!». Quizá respondiste enderezándote cuando te corrigieron, pero cuando esa persona no estaba, poco a poco te volviste a encorvar.

Así como tienes una postura física, también tienes una postura del corazón: una actitud o disposición que tienes por defecto. Algunos tienen la postura de la protesta. Solo pueden ver lo que no está bien y cómo los demás se equivocan. Otros tienen la postura de ser excesivamente optimistas. Huyen de la confrontación porque todo es color de rosa.

Las posturas del corazón necesitan corrección tanto como las físicas. Al igual que corregir a una persona que anda encorvada, lleva mucho trabajo cambiar la postura del corazón, cambiar las formas de pensar y de vivir a las que estamos acostumbrados. Es necesario practicar mucho y repetidamente para desarrollar los nuevos hábitos que definen la postura. Al principio, las prácticas nos parecerán extrañas, hasta forzadas. Pero con suficiente repetición intencional, lo que comenzó como algo no natural se convertirá en una costumbre. Igual pasa con la fe. Si te has acostumbrado a ceder a tus *contra si*, si tus condiciones, remordimientos o planes de contingencia dan forma a tu vida y a tu manera de relacionarte con Dios, necesitarás formar nuevos hábitos *aun si*, no solo hacer una declaración.

COMIENZA CON LO OBVIO

El 21 de mayo de 1997, Fred Rogers recibió el Premio Emmy Honorífico junto con una ovación de pie. Era un reconocimiento por su marca de programación infantil fiel e influyente en la red pública de televisión. Generaciones enteras crecieron como su vecino. En su habitual estilo humilde y gentil, agradeció a todos los que le habían ayudado en el camino. Entonces hizo algo que nadie esperaba.

Se dirigió a las celebridades en la audiencia: «Todos tenemos personas especiales que con su amor nos hicieron quienes somos. ¿Podrían dedicar, junto conmigo, diez segundos para pensar en aquellos que les ayudaron a convertirse en lo que son? Aquellos que les amaron y quisieron lo mejor para su vida. Diez segundos de silencio. Yo contaré el tiempo»[3]. Al principio, la audiencia se rio, pero pronto se dieron cuenta de que iba en serio cuando él miró su reloj. Lo que siguió fueron diez segundos de emoción intensa y silenciosa mientras la cámara enfocaba a conocidas personalidades del mundo de la televisión que lloraban al tomar el camino de la memoria. Una simple práctica comunitaria de gratitud cambió el salón en diez segundos.

La gratitud es la respuesta primera y adecuada a la bondad de Dios en nuestra vida. Recordamos la bondad de Dios y le damos gracias. La gratitud hace más que solo reconocer la bondad de Dios. También reconoce quiénes somos y, por tanto, da perspectiva a las situaciones en que nos encontramos.

En el griego original, «dar gracias» viene de la raíz *caris*, que significa «gracia». Lleva el prefijo *eu*, que significa «bueno». Un elogio o un eufemismo son una buena frase o un buen discurso. Cuando damos gracias, reconocemos «la buena gracia» que hemos recibido. No merecíamos esa clase de acción o pensamiento.

Bien sea al camarero que nos trae la comida o a un amigo que nos hace un regalo considerado, dar gracias dice: «No soy autosuficiente. Estoy conectado a (y por lo tanto, dependo de) alguien o algo más». Ser agradecido es recordar que alguien cuida de mí constantemente y suple mis necesidades.

La gente con la que más me gusta estar es la que expresa gratitud por aquellas cosas que doy por hechas. Me recuerdan lo que es importante sin tener que decírmelo. Uno de mis buenos amigos, John, conoció a Jesús siendo ya adulto. La primera vez que puso un pie en una iglesia, estaba convencido de que el edificio temblaría y las luces titilarían. Entonces Dios lo salvó. John no volvió a ser el mismo. Todo cambió: su carrera, su matrimonio, la forma de criar a sus hijos. La gratitud sobreabunda en la vida de John. Hasta tiene camisetas para probarlo.

John y yo hemos ido juntos en aventuras de pesca y senderismo. Hemos ayudado a otros a disfrutar de la pesca con mosca y a disfrutar de seguir a Jesús. Nuestra amistad se ha profundizado a medida que hemos experimentado juntos el poder de Dios en la creación y en cambiar vidas. Cada aventura, ya sea un viaje de pesca en el campo o un tiempo en Panera después de un estudio bíblico, está llena de pausas cuando él reconoce: «No puedo creer que

experimente esto contigo. ¡Qué bueno es Dios conmigo!».
Para mí, es solo otro pez u otra conversación. Para John,
es un encuentro con un Dios bueno que nos da más de lo
que merecemos.

La gente agradecida tiene su manera de poner en perspectiva las situaciones de la vida. Su gratitud despeja el
ambiente en la habitación, filtrando todas las partículas
de queja y autocomplacencia en el aire que amenazan con
apagar la luz de la bondad de Dios. John no se ha olvidado de la experiencia transformadora de haber recibido un
nuevo comienzo por el perdón de sus pecados. Su gratitud a Dios le sale por los poros. No debería sorprenderte
que él sea un hombre de fe *aun si*.

LA GRATITUD Y LOS *CONTRA SI*

La gratitud es la motivación que afianza la declaración
aun si, porque la gratitud lleva a la adoración, y la adoración lleva al contentamiento. Cuando eres agradecido, re-
conoces la bondad y benignidad de Dios hacia ti de forma
subjetiva. Tenías necesidad y recibiste algo que no podías
proveer por ti mismo. Aire en los pulmones. Una palabra
a tiempo. Esperanza. Fortaleza para seguir adelante. *Aun
si* tu vida no es lo que pensaste que sería, está llena de la
gracia de Dios manifestada en miles de dispensaciones.

La gratitud es la respuesta adecuada a la abundante gracia
de Dios. Cuando estás en una situación incómoda y aparentemente desesperanzada, la gratitud puede ampliar el horizonte haciéndote recordar los incontables actos de provisión
de Dios. Encuentras el valor para decir *aun si* cuando con
gratitud recuerdas las maneras en que Dios te ha cuidado.

La gratitud también debilita el poder de nuestras
condiciones, remordimientos y planes de contingencia.

Debilita nuestras condiciones recordándonos lo que Dios
ha hecho por nosotros, *aun si* no fue lo que queríamos.
Nuestras condiciones no cumplidas se desvinculan de la
conclusión errónea de que como Dios no hizo lo que yo
quería, entonces no tengo nada. La gratitud reenfoca mi
visión para ver que, aunque no estoy donde esperaba estar, Dios no me ha abandonado. Puedo estar agradecido
por la forma en que me ha sostenido y por la provisión
diaria que me ha dado.

La gratitud alivia la carga de nuestros remordimientos pesándolos en la balanza del evangelio de la gracia.
El apóstol Pablo nos dice cómo. Puedo imaginar cuántos
remordimientos sintió Pablo por su vida de fariseo. Había
visto y aprobado la muerte a pedradas de uno de los líderes de la iglesia primitiva: Esteban. Pablo reconoce que es
el peor de los pecadores (1 Timoteo 1:15).

En su carta a la iglesia en Roma, Pablo reflexiona acerca
de cómo su amor por la ley de Dios está constantemente en
guerra con la ley del pecado en su propia carne. No podía
hacer el bien que quería, y lo que no quería hacer, eso hacía.
¿Has estado ahí alguna vez? ¿Has luchado contra una actitud, disposición o pecado habitual que sabías que era contrario al deseo de Dios? Entonces sabes lo que Pablo sentía.

Pablo expresó así su frustración: «¡Miserable de mí!
¿quién me librará de este cuerpo de muerte?» (7:24).
¿Sientes el anhelo? ¿Sientes el remordimiento?

¿Qué hizo Pablo? Contrarrestó el remordimiento con
gratitud: «Gracias doy a Dios, por Jesucristo Señor nuestro» (versículo 25). La gratitud de Pablo no fue una forma
de evitar el remordimiento que sentía. No es un «mira el
lado bueno» que se dice a la ligera. En la siguiente oración
resumió la situación de nuevo: «Así que, yo mismo con la
mente sirvo a la ley de Dios, mas con la carne a la ley del
pecado» (versículo 25).

Sin embargo, su gratitud prevaleció sobre su remordimiento. En el próximo versículo concluyó: «Ahora, pues, ninguna condenación hay para los que están en Cristo Jesús. Porque la ley del Espíritu de vida en Cristo Jesús me ha librado de la ley del pecado y de la muerte» (8:1-2).

Pablo expresó su gratitud por la libertad que ya era suya. Reconoció la provisión misericordiosa de Dios. ¿Quién lo librará de este cuerpo de muerte? Jesús. Jesús tomó el castigo que exigía la ley del pecado y de la muerte, el castigo que Pablo merecía por todos sus errores. Jesús murió por el fracaso pasado y por la frustración presente. «Ahora, pues, ninguna condenación hay». Ningún pasado puede hacer peligrar eso. Es posible tener un futuro nuevo y real.

Finalmente, la gratitud confronta las ansiedades que a menudo nos impulsan a hacer planes de contingencia. Cuando los *qué tal si* de la vida nos consumen, la gratitud nos recuerda todo lo que Dios ya hizo. Su fidelidad en el pasado nos asegura su confiabilidad futura. Cuando recordamos, somos libres de la ansiedad por la enloquecedora cantidad de posibilidades. Si bien no hace que nuestro futuro sea algo más seguro, la gratitud nos hace estar un poco más cómodos con las posibilidades al recordarnos al Dios que ha provisto hasta ahora. Podemos confiar en Él.

Max Lucado lo dijo de otra manera: «El corazón ansioso dice: "Señor, si tan solo tuviera esto, aquello o lo otro, estaría bien". El corazón agradecido dice: "¡Ah, mira! Ya me has dado esto, aquello o lo otro. Gracias, Dios"»[4]. En esencia, la forma de vivir en fe es ir del *qué tal si* al *ya es*, y si tomamos tiempo para ser agradecidos de forma deliberada, recordaremos lo bueno que ha sido Dios.

DEJA QUE SURJA TU *AUN SI*

La gratitud destruirá las cadenas de tus *contra si* y motivará tu declaración *aun si*. Tu confianza en la bondad de Dios aumenta a medida que la gratitud te trae a la mente formas específicas en que Dios ha sido bueno contigo. Una confianza creciente invita a una mayor determinación de confiar en Él sin importar cómo será el camino que tenemos por delante.

El año pasado tuve la oportunidad de visitar a uno de los miembros de nuestra iglesia después de someterse a otra cirugía dolorosa, esta vez de la columna vertebral. Gracias a Dios que fue antes de que la cuarentena por la COVID-19 nos impidiera visitar las residencias de ancianos. Esta querida hermana había sufrido ya incontables cirugías de la cadera, las piernas y la columna.

De joven había pasado meses en cama escayolada de cuerpo entero mientras los médicos trataban de corregir su sistema esquelético. Ha vivido en constante dolor por más de cuarenta años. Si alguien tiene el derecho de sentirse amargado por la vida que le ha tocado, es ella.

Cuando entré en la habitación, me saludó con una expresión hermosa de gozo en medio del dolor, una sonrisa superpuesta a una mueca de dolor. Hablamos de su vida, sus sufrimientos, el paisaje del dolor y la desilusión que había atravesado. Al recordar cada etapa del camino, ella hablaba acerca de la fiel presencia de Dios y cómo había sido tan bondadoso y fiel con ella. Allí tendida, no era el yeso lo que la sostenía, sino su gratitud a Dios.

«No digo que quiera este dolor, pero estoy bien con él porque Dios murió por mí y me ama», concluyó. Ella sabía quién era y de quién era. Ningún sufrimiento podía cambiar eso. Yo estaba maravillado. Había ido allí a ministrarle, pero ella le había dado la vuelta a la tortilla.

Recordé la reflexión de Jack Deere en sus memorias: «¿Qué es más sobrenatural? ¿Una sanidad, o un corazón que todavía adora mientras la enfermedad destruye el cuerpo donde se encuentra?»[5].

Detrás de aquella profunda confesión corría un río de gratitud que fluía del manantial de la gracia. No importa cuán dura había sido su vida, ella sabía que era amada por lo que Dios había hecho por ella en Cristo. Me demostró el poder de la preposición en 1 Tesalonicenses 5:18: «Dad gracias *en* todo» (énfasis añadido). *En*, no necesariamente *por*.

Ella dio gracias no por su dolor, sino *en* medio de él, y su declaración *aun si* me dio una lección de humildad: «*Aun si* el dolor me sigue todos los días de mi vida, te adoraré porque moriste por mí y me amaste en medio de todo». La gratitud florece como un *aun si*.

¿Qué impacto tendría el ejercicio de Fred Rogers en nuestra confianza en la bondad de Dios? Diez segundos de gratitud todos los días podrían darle forma a nuestra declaración *aun si*. Antes de archivar este ejercicio entre los muchos otros proyectos en la categoría «diez días de gratitud», debemos añadir una dimensión más a nuestra gratitud. Ve un paso más allá de cualquier cosa que te haya venido a la mente mientras das gracias en este momento. ¿Qué dice acerca de quién es Dios y lo que ha hecho?

Así que, además de decir «Gracias por mi círculo de amistades», añade: «porque me recuerdan que me creaste para vivir en relación con otros». O «porque me dan un lugar para experimentar el perdón y ser conocido».

No solo practiques la gratitud: practica la gratitud teológica. Tengo temor de añadir el adjetivo *teológico* porque, en realidad, ¿no es Dios, en última instancia, el dador de todo lo que recibimos? Toda gratitud debe ser teológica. Pero como es demasiado fácil ser agradecido de forma genérica, la llamaremos «gratitud teológica»: la gratitud que explícitamente reconoce a Dios como el dador y la fuente de toda cosa buena. Practicaremos la gratitud que no solo nombra el beneficio recibido, sino lo que nos enseña acerca de quién es Dios.

Hazlo todos los días y todas las noches. Comienza y termina el día con gratitud. Recuerda que, al igual que otras prácticas, la gratitud debe ensayarse.

Y no te apures. Mi hijo más pequeño ha desarrollado el hábito de dominar las oraciones antes de la cena, ese tiempo cuando damos gracias a Dios por la comida que tenemos ante nosotros y el día que ha pasado. Cantará a viva voz las líneas de una canción de gracias que se espera que el resto de la familia repita en una especie de canto antifonal.

Gracias, Jesús (repetir)
por la comida (repetir)
y las bendiciones (repetir)
amén (repetir)

En realidad, es gracioso, excepto por una parte. Él cantará la primera línea extendiendo concienzudamente las primeras dos palabras como si fueran toda la canción. «GRAAA-AAAACIAAAAAAASSSS, JEEEEEEESÚÚÚÚÚÚÚS!». Y luego espera que nosotros hagamos lo mismo. La primera vez que lo hizo casi nos ahogamos tratando de contener la risa. Después de dos semanas, comencé a temer el principio de su oración. Quería comenzar a comer ya.

La liturgia de esta canción a la hora de la cena me hace pensar que soy demasiado impaciente con la práctica de la gratitud. Antes de terminar de dar gracias, el corazón ya se está moviendo a la próxima cosa. Compara mi impaciencia con la gratitud con la manera en que lidio con los asuntos y los retos a los que me enfrento. En esos escojo detenerme.

¿Qué sucedería si dedicáramos tanto tiempo a dar gracias como el que dedicamos a reforzar nuestras condiciones, revivir los remordimientos y recalibrar los planes de contingencia? ¿Disminuiría nuestra ansiedad? ¿Sentiríamos un sentido de paz más estabilizador? Me imagino que si pusiéramos un poco de la energía que gastamos en nuestras condiciones, remordimientos y planes de contingencia en dar gracias, veríamos surgir nuestro *aun si* de manera diferente.

Comienza ahora mismo. Dale gracias a Dios por una cosa en tu vida. ¿Cómo ha mostrado Dios su bondad contigo hoy, en tiempo real? Si estás listo para llevar tu aptitud de agradecimiento al próximo nivel, piensa en una situación con la que no estés satisfecho, quizá una situación que te desilusione, te intimide o simplemente no tenga sentido. ¿Por qué puedes dar gracias en esa situación? ¿Qué dice acerca de Dios? Anda. Pruébalo. Yo contaré el tiempo.

NO ENCUENTRO SATISFACCIÓN

Practica la gratitud teológica lo suficiente y serás buen amigo de su primo tímido, el contentamiento. Digo «tímido» porque el contentamiento es elusivo en nuestra cultura. Por dondequiera que vamos somos bombardeados por anuncios y campañas de mercadotecnia que nos dicen que nuestra vida está incompleta; eso es, a menos que compremos el producto que están vendiendo. El consumismo nos hace querer más, hasta el punto del agotamiento. Nuestro estilo de vida es financiado por el descontento.

Mira cómo funciona. Cuando no estamos contentos con quiénes somos, dónde estamos o lo que tenemos, nos sentimos insatisfechos. Si bien puede ser impulsada por tácticas de mercadotecnia, la insatisfacción en sí no se puede evitar. A menudo la vida no va como queremos.

Estamos insatisfechos porque no coincide con lo que soñamos o esperamos.

Si la dejamos a la deriva, la insatisfacción crece y nos ciega a lo bueno que tenemos, lo que Dios ha hecho o quiénes somos por su gracia. La insatisfacción se convierte en descontento. Comenzamos a ver la vida en términos de escasez y no de la abundancia de la bondad de Dios. Por eso las condiciones y el remordimiento se alimentan del descontento. Esos *contra si* elaboran un caso sobre por qué Dios nos ha fallado, presentando como prueba todas las maneras en que lo que es no coincide con lo que pensamos que debería ser. En su brillante libro acerca del perdón y la generosidad, Miroslav Volf describe el dilema que surge del descontento[6].

En realidad, no importa cuánto tenemos o logramos, siempre hay más que tener o ser. Ese nuevo producto o promoción que nos trajo tanta satisfacción hace un minuto, al final pierde su brillo. El último dispositivo, con su cámara de miles de millones de megapíxeles, se vuelve obsoleto. Nuestra logros más importantes se esfuman en la memoria. Incluso las personas más prósperas retienen un sentido de inconclusión. Lo cierto es que nunca tendrás suficientes *me gusta*, seguidores, dispositivos o manjares porque tu hambre siempre será mayor de lo que tienes.

Cuando vives creyendo que estarás satisfecho cuando tengas todo lo que quieres, tu monólogo interior incluirá interminables repeticiones de esta declaración: «Si tan solo pudiera_____, sería feliz». Solo una cosa más, un peldaño más, y estaré contento. Es una manera agotadora de vivir, de una satisfacción temporal a otra, creyendo que la próxima te dará lo que quieres.

Ninguna cantidad de acumulación traerá el verdadero contentamiento, porque el contentamiento es una disposición, no una conclusión, no importa lo mucho o poco que tengas. El contentamiento piadoso no llega en la línea de meta, sino durante la carrera. Fluye de la gratitud durante el camino. A medida que tengas en cuenta deliberadamente la bondad de Dios hasta ahora, todo lo que venga es como el postre después de un espectacular bistec. Puedes hacerle espacio, pero también estás tan satisfecho que puedes continuar sin él. «Gracias, Jesús» te lleva al «dayenú» («nos hubiera bastado»).

En vez de ser gente de «no es suficiente», podemos ser gente de «más que suficiente», y aprender el secreto de vivir contentos sin importar las circunstancias porque Dios ha sido bueno. J. I. Packer vio el contentamiento como el fruto de conocer a Dios: «Los que conocen a Dios tienen gran contentamiento en Dios». Pueden confiar en él sin importar lo que suceda. «No hay paz como la paz de aquellos cuyas mentes están poseídas por la seguridad de que han conocido a Dios y Dios los ha conocido a ellos. [...] Esa es la paz que Sadrac, Mesac y Abed-nego conocían. Ya sea que viviesen o muriesen, estarían contentos»[7].

Más que cualquier bendición que pueda darnos, Dios nos da el cimiento del contentamiento en Jesús. En Cristo están las riquezas de la gloria de Dios, y esas riquezas están ahora disponibles para quienes lo aman y confían en Él. Esta era la oración continua de Pablo por las iglesias, que conocieran «las riquezas de la gloria de su herencia en los santos» (Efesios 1:18), y les recordó que todas sus necesidades serían satisfechas «conforme a sus riquezas en gloria en Cristo Jesús» (Filipenses 4:19). Él quería que recordaran lo que tenían y que «gran ganancia es la piedad acompañada de contentamiento» (1 Timoteo 6:6).

No hace falta decir que el contentamiento es la columna vertebral de la determinación *aun si*. Determinamos confiar en Dios sin importar lo que venga porque Él ha sido bueno hasta ahora. Estamos contentos porque Él es suficiente. Lo que Dios ordene para el resto de nuestra vida, aunque no siempre sea de nuestro agrado, lo aceptaremos en gratitud por lo que ya nos ha dado.

Yo experimenté esto durante un punto de inflexión en mi camino pastoral. Cuando mi esposa y yo aceptamos el llamado de dejar nuestra iglesia en Chicago, estábamos nerviosos. La iglesia nos había amado a lo largo de todos nuestros años de recién casados, y cuando tuvimos a nuestro primer, segundo y tercer hijos. Nos habían cuidado y habían modelado lo que era criar a los niños en la iglesia.

Además, nuestra congregación influyó directamente en el tipo de pastor que quería ser. Me pulieron, me exhortaron y me amaron con mucha gracia. Nuestra vida en la iglesia personificó una adaptación del viejo refrán: «Se necesita una iglesia para hacer un pastor». En pocas palabras, yo quería ser la clase de pastor que ellos merecían.

La idea de regresar a nuestro estado natal de Maryland era desalentadora e ilógica en el mejor de los casos. Teníamos muchos motivos para quedarnos. Mi mentor estaba listo para pasarme el testigo, llamándome a dirigir la iglesia como su próximo pastor principal. Amábamos nuestro vecindario y teníamos un sentido de propósito y ministerio allí. Habíamos llegado a amar a aquella resiliente comunidad de refugiados, y disfrutábamos de amistades profundas.

Y ahora Dios nos estaba llamando a hacer las maletas y volver a la tierra de nuestra juventud. Al considerar la mudanza, nos asolaron todo tipo de *qué tal si*. *¿Qué tal si* la nueva iglesia resultaba ser la inapropiada? *¿Qué tal si* el ministerio fracasaba? *¿Qué tal si* los niños la detestaban? *¿Qué tal si* resultaba ser un gran error? Pero aun con estas preguntas a nuestro alrededor, decidimos aceptar.

Al final, lo que nos hizo dar el paso fue un *aun si* que surgió de la gratitud y el contentamiento. Para discernir la voluntad de Dios, mi esposa y yo conversamos largamente y contamos nuestras bendiciones, las muchas formas en que Dios nos había instruido, nos había amado y había cuidado de nosotros por medio de la iglesia. Dios había sido en gran manera bondadoso cuando nos sacó de todo lo que conocíamos en Maryland a una iglesia que fue nuestra familia mientras «crecíamos». No teníamos motivos para desconfiar, incluso si no teníamos garantías para el próximo paso.

Nuestro corazón y nuestra vida estaban llenos, y podíamos decir como Pablo: «He aprendido a contentarme, cualquiera que sea mi situación. Sé vivir humildemente, y sé tener abundancia; en todo y por todo estoy enseñado, así para estar saciado como para tener hambre, así para tener abundancia como para padecer necesidad. Todo lo puedo en Cristo que me fortalece» (Filipenses 4:11–13). *Aun si* el próximo ministerio no funcionaba, *aun si* estábamos cometiendo un error, seguiríamos al Señor hacia el próximo capítulo.

Empacamos y nos mudamos. Resultó que los siguientes dos años de ministerio fueron algunos de los más difíciles que he vivido. Tuve muchos remordimientos y a veces sentía que había cometido un gran error. En cuanto a las relaciones, comenzamos de nuevo. Tuve que establecer confianza y credibilidad con una congregación mucho mayor. Un fracaso moral sacudió a nuestro equipo. Pasamos de tener nuestra propia casa y ser líderes en nuestro vecindario a vivir con mis suegros. Quería volver a Chicago.

Lo que me permitió soportar esos años difíciles fue la práctica regular de la gratitud. Comencé con el pasado. En primer lugar, nunca había soñado terminar en Chicago, pero Dios me había tomado como un pastor quebrantado, desterrado al desierto, y replantado en Chicago para crecer y ser restaurado.

Entonces, di gracias por lo que tenía frente a mí. Un grupo de jóvenes hambrientos con quienes compartir la vida. Las oportunidades misioneras en mi vecindario, aunque no eran las mismas, tenían potencial. Estaba rodeado de familia. Mis hijos eran felices.

Poco a poco me fui contentando a pesar de que mi situación no cambiaba. Comencé a hablar un dayenú por cada reto que enfrentaba. Aprendí que el contentamiento y la insatisfacción pueden coexistir en una fe *aun si*. No tiene que gustarte donde estás, pero puedes estar contento porque Dios está contigo en medio de ello.

Aun si el lugar donde estaba no era lo que había imaginado, confiaría en Dios. Yo sabía que Dios me había llevado allí y que, a su tiempo, me sacaría. Y *aun si* esta parada en Maryland fuera corta (resultó que no lo fue), yo cumpliría con el llamado que Dios me había puesto, trayendo todo lo que me había enseñado como pastor en Chicago.

Determiné adorar a Dios lo mejor que pude, amando a su pueblo mientras Él quisiera. Sin importar cómo resultara mi ministerio, yo confiaría en Dios porque de todas formas todo es suyo. Él nunca me había abandonado, aun cuando le di motivos suficientes. No iba a comenzar ahora. La gratitud y el contentamiento me dieron la determinación no solo de soportar esos años, sino de adorar a Dios en medio de ellos.

Puede que tu declaración *aun si* no incluya los mismos puntos de decisión que la mía, pero sí fluye de la misma fuente de gratitud y contentamiento. A medida que tu corazón va tomando forma y se va ablandando por las buenas formas en que Dios ha cuidado de ti, descubrirás que el hábito de dar gracias y estar contento te da la libertad de amar y adorar a Dios sin importar las circunstancias.

En el próximo capítulo veremos cómo es esa libertad.

Permiso para hablar con libertad

8

ACE UNOS AÑOS Dios llamó a una pareja fiel de nuestra iglesia a servir en el extranjero. En realidad no nos tomó por sorpresa. Habían establecido un ministerio eficaz entre los estudiantes y trabajadores internacionales que vivían en nuestra comunidad, y su amor por ver cómo los no alcanzados conocían a Jesús era creciente.

Mientras recaudaban fondos y hacían sus planes, hubo un cambio radical en su camino. Ella quedó embarazada. El plan original era mudarse al extranjero y establecer allí su vida y ministerio antes de comenzar a formar una familia, pero aun con este acontecimiento inesperado siguieron adelante. Decidieron que *aun si* la mudanza incluía más de lo que originalmente habían planeado, obedecerían a Dios e irían al campo misionero. Confiaron en que la bondad de Dios proveería para sus necesidades, ya fuera como pareja o como padres de un recién nacido.

Dios fue fiel. Fructificó tanto su ministerio como su familia. En los seis años que siguieron, llegaron dos niños más. Dios usó a los niños para abrir muchas puertas para relacionarse con sus vecinos, conectándolos de una forma que hubiera resultado mucho más difícil para una pareja sin hijos. El amor de sus hijos por Dios los animó y los retó a crecer en la fe.

Siete años después, mientras estaban de vacaciones, su hijo mayor comenzó a sentirse cansado. No le dieron mucha importancia, pensando que era el típico catarro que contrae cualquier chico extravertido. Durante la noche tuvo fiebre. Le dieron Tylenol y se durmió. Nada fuera de lo ordinario. Horas más tarde se despertaron con los gemidos del niño, y cuando fueron a ver cómo estaba, el chico no respondía.

Lo que siguió se hizo borroso, mientras lo llevaban corriendo a un hospital local. A medianoche había ocurrido lo inimaginable. Su primogénito saludable, aquel cuya vida era un recordatorio de su determinación *aun si*, inexplicablemente murió de una infección común que le había atacado el corazón.

Para colmo de males su habitación de hotel fue puesta en cuarentena como escena de un crimen, y padre y madre quedaron bajo sospecha por la naturaleza misteriosa de la muerte. Las preguntas fueron seguidas de un examen médico. Después de todas las investigaciones, el equipo médico determinó que había sido un simple caso de mala suerte.

¿Mala suerte? Eso es lo que se dice cuando se terminó tu plato preferido en el restaurante o no puedes conseguir billetes para un concierto. Una tragedia así va más allá del ámbito de la suerte. Es más, su fe en Dios les forzó a hacer preguntas más difíciles. No solo lucharon con el «¿Por qué?», sino con el «¿Y ahora, qué?».

Hemos aprendido y creído con el transcurso de los años que hay un Dios que tiene control de todo, que nos ama y tiene un plan para nuestra vida. Sin embargo, ¿dónde estaba aquella noche tenebrosa? ¿Fue la suerte la que determinó nuestro destino? No podemos creerlo; es demasiado desesperanzador. Dios sabía lo que estaba pasando y permitió que sucediera así. ¿Lo alabaremos «aun si» no le salvó la vida [de nuestro hijo]?

El camino durante el año siguiente fue una neblina de aflicción, ira y confusión. El dolor era profundo. Los que contestan el llamado de Dios pueden esperar cierta cantidad de incertidumbre y sufrimiento, pero esto parecía estar más allá de los límites de lo justo o apropiado. Los ataúdes nunca deberían ser tan pequeños. Nadie está preparado para eso.

Después de un funeral local, la familia volvió a Estados Unidos para enterrar el cuerpo de su pequeño y llorar con la comunidad fe que les había enviado en un principio. Padre y madre recorrieron el mismo camino, pero en carriles diferentes, cada uno procesando el dolor a su propio ritmo. El dolor de un padre o una madre que han perdido a un hijo es difícil de sobrestimar; el horror diario de despertar y darse cuenta de que: *Oh no, la pesadilla es real.* Ambos derramaron muchas lágrimas en el contexto de la oración, la consejería, la comunidad y la adoración. Toda nuestra comunidad de fe estaba confundida.

Luego de un período de luto, continuaron su jornada de dolor y volvieron al extranjero, al país donde falleció su hijo. Las preguntas y la incertidumbre abundaban: ¿Cómo podían volver y revivirlo todo? ¿Cómo podían lidiar con un niño de cuatro años y un bebé mientras andaban por el valle del dolor? Pero hicieron lo que habían hecho desde el principio de ese camino de locos: decidieron creer y obedecer *aun si* no entendían.

Más o menos un año después de la muerte del niño, Dios confrontó a cada uno de los padres de manera poderosa. Una nueva declaración *aun si* había nacido de la carga y el dolor. El *aun si* que declaras cuando te enteras de que viene un hijo inesperado es diferente al *aun si* que susurras cuando lo pierdes.

Ellos declararon: «*Aun si* hemos de pagar un precio terrible, te adoraremos y te obedeceremos. Tú eres digno de nuestras vidas y de la vida de nuestros hijos, y confiamos en ti». En una carta que el padre compartió conmigo, añadió el contexto:

Hace años tomé la decisión de seguir a Cristo, y *aun si* sucede lo peor, le seguiré. Jesús es digno de nuestra alabanza no porque hace lo que queremos que haga, sino porque es la Palabra eterna de Dios. A nuestro propio tiempo decidimos creer que Dios es digno de todo honor y gloria aun cuando nuestro hijo fue arrebatado de nuestra vida. Oh, ¡cuánto deseamos ver todas estas cosas hechas nuevas! Pero hasta entonces, no nos postraremos ante otros dioses. Aun así elegimos postrarnos solo ante Él.

Ha pasado ya otro año y ellos continúan formando nuevas repeticiones de su declaración *aun si*. Cada ola inesperada de dolor parece traer nuevas oportunidades de creer en la bondad de Dios y decidir adorarle.

Han tenido que cruzar una variedad de *contra si*. Todo tipo de remordimientos *si solo* magullan su conciencia como padres. Como es de esperar, se preguntan qué hubiera hecho que aquella noche dolorosa terminara de forma diferente. «*Si solo* hubiéramos prestado mayor atención a la fiebre». «*Si solo* hubiéramos estado en nuestra ciudad». «*Si solo* hubiéramos sabido lo que estaba pasando».

Imagínate todos los *qué tal si* que salen a relucir ahora cuando uno de sus hijos tiene cualquier tipo de enfermedad. Imagínate los *qué tal si* de vivir en cuarentena por la COVID-19 después de perder a tu primogénito por una infección absurda.

Así como su historia todavía se está escribiendo, también su declaración *aun si*. Una declaración *aun si* no significa que eres inmune a las luchas continuas, ni que todo te irá bien de aquí en adelante. No es cuestión de una vez y ya. Sus respuestas no han sido perfectas. Su determinación no ha sido inamovible. Su fe ha tenido sus altibajos. El camino no ha sido fácil, pero en medio de todo Dios les ha mostrado su bondad. No están solos en el horno de fuego.

Así es como se forma la vida *aun si*. Cuando la gracia de Dios se encuentra con una desilusión, una duda o un temor, respondemos a cada uno con la confianza y la determinación de adorar a Dios con pasos cortos de obediencia y devoción. Con cada paso, la confianza se edifica sobre la confianza; la determinación hace posible más determinación. No tienes que saberlo todo cuando miras el fuego por primera vez.

En el capítulo anterior vimos la postura que forma el fundamento de la vida *aun si*: la gratitud y el contentamiento no solo nos permiten buscar la bondad de Dios, sino que fortalecen nuestra determinación.

En este capítulo y el siguiente veremos la libertad que produce una vida *aun si*. Tu declaración te permitirá vivir auténticamente, tanto en palabra como en hecho. Comenzaremos con la libertad de «decir las cosas tal como son» y luego daremos el próximo paso en el camino.

DILO TAL COMO ES

Cada año, pago mis deudas como padre de músicos jóvenes asistiendo a los conciertos escolares de mis hijos. Antes de la COVID-19, demasiada gente con demasiados dispositivos de grabación se apiñaban en la cafetería del colegio como los trabajadores de una fábrica amontonándose para el cambio de turno. Asistir a los conciertos de los hijos es tanto una prueba de resistencia como una demostración del orgullo de padre. Tengo guardados los vídeos de muchos conciertos como prueba en caso de que algún día los chicos duden de si los amo.

En una ocasión en especial, la orquesta no estaba sincronizada. Con la dolorosa mezcla de instrumentos desafinados y niños cuyas habilidades motoras todavía están en desarrollo, parecía una colonia de gatos salvajes luchando por su territorio.

En medio de esta cacofonía, mi segundo hijo no pudo soportarlo más. Entre el ruido y la incomodidad de no sentir su trasero por estar sentado en aquella silla plegable de metal, gritó a todo pulmón: «¡Esto es horrible!». Inmediatamente lo hice callar, horrorizado, pero también humillado porque había expresado mi sentimiento. Cuando miré a mi alrededor para ver el daño que su evaluación sincera había causado, los oyentes a nuestro alrededor suspiraron en un acuerdo silencioso. *Sí, es horrible.*

A diferencia de mi joven bárbaro, el resto habíamos decidido no expresar nuestros sentimientos con el propósito de mantener íntegra la confianza de nuestros aspirantes a músicos. De pequeños aprendemos a mantener una medida de decoro, a sostener un estándar de cortesía y respeto. Después de todo, tal como dice el refrán: «Si no tienes nada bueno que decir, no digas nada». ¿Qué edad tenías cuando te diste cuenta de que hay cosas que no deben decirse en voz alta?

Los cristianos vivimos bajo una regla silente pero acordada de que no debemos expresar dudas o quejas acerca de Dios, ni reconocer la confusión. Se supone que debemos ser positivos y expresar la esperanza, porque después de todo, de eso se trata la fe, y nadie quiere ser deprimente. Así que lo mantenemos todo dentro, o al menos fuera de la esfera pública. Con razón las iglesias son conocidas como fábricas de chismes.

El resultado es que aprendemos a ignorar o suprimir lo que pensamos o sentimos en realidad. ¿Cuándo fue la última vez que diste voz a tus temores, tus desencantos o tu verdadera opinión? No estoy hablando de publicar broncas en las redes sociales, sino de confiarle a alguien en persona algo profundo y vulnerable acerca de quién eres.

A pesar de los muchos canales que ofrecen las redes sociales para expresarnos, la mayoría de nosotros vivimos nuestra vida interior en silencio. Decir en voz alta lo que de verdad siente el corazón parece raro y hasta inapropiado. Así que tratamos nuestras desilusiones, temores y confusiones como Lord Voldemort en Harry Potter: aquello que no debe ser nombrado.

Y al hacerlo, nunca somos totalmente sinceros con nosotros mismos, con los demás e incluso con Dios. Esto nos posiciona para vivir en nuestro yo impostor, la fantasía que creemos que debemos vivir. En realidad, no crecemos. Brian Stone lo dijo así: «El camino de vivir nuestros sueños es impulsado por una capacidad en aumento de decir la verdad acerca de lo que verdaderamente está sucediendo en tu vida, lo que llamamos "decir las cosas tal como son"»[1].

Esto también es conocido como *confesión*. Puedes pensar que la confesión es ese acto vulnerable de nombrar tus pecados. Y aunque lo incluye, la confesión es más que el acto de decir la verdad. Cuando un conjunto de personas están de acuerdo con una verdad, la declaración que resulta se llama «confesión». Hasta las Escrituras nos exhortan: «Retengamos firme la confesión» (Hebreos 10:23, RVA-2015).

Al decir la verdad mediante la confesión, somos auténticos. Al igual que exhalar después de aguantar la respiración por demasiado tiempo, la confesión nos libera para ser quien realmente somos sin fingir. Ya sea la confesión de tu fe, una confesión de pecados cometidos o de expectativas sin cumplir, cuando dices las cosas tal como son, entras en un nivel de intimidad y conexión porque has dicho la verdad que está en tu corazón.

Por eso las Escrituras nos invitan a confesar a Dios. Cuando confesamos pecados, desilusión o temor, no le estamos diciendo a Dios algo que Él no sepa. Dios no se asombra con nuestra confesión: «¿Qué? ¡No tenía ni idea de que estabas tan confundido! ¿Cuál es tu problema?».

No, Dios nos invita a ser auténticos. Nos invita a decir las cosas como son de corazón. Pero irónicamente, a veces Dios es el último ser con quien nos sentimos cómodos para expresar nuestros pensamientos y deseos más profundos. Como si fuéramos a ofenderlo o destapar alguna inseguridad divina. En vez de presentarle nuestra lista de peticiones e intercesiones, no le declaramos nuestros sentimientos a Aquel que nos formó. Quizá le pidamos ayuda y le traigamos nuestras necesidades, pero raramente decimos lo que es, lo que de verdad queremos, ni le contamos nuestros deseos, temores o problemas más profundos.

Mientras reflexionaba acerca de por qué vacilo tanto en hablarle a Dios así, la pregunta más poderosa que Jesús hizo me atrajo: «¿Qué quieres que haga?». Reconozco que lucho cuando oigo esta pregunta en el tono apropiado: no como palabras que molestan al Mesías y cuyos días son interrumpidos por mi presencia, sino como la pregunta de un Salvador amante que vino a buscar y a salvar lo que se había perdido.

Ya sea un ciego deseando ver (Lucas 18:41), una madre que busca el bienestar de sus hijos (Mateo 20:21) o esos hijos buscando su propio bienestar (Marcos 10:36), Jesús invitó a sus seguidores a nombrar sus deseos, aun cuando esos deseos eran egoístas. ¿Cuándo fue la última vez que nombraste tus deseos delante del Señor y le dijiste lo que en realidad querías, lo que en realidad sentías? ¿No solo cumplidos o clichés, sino peticiones cándidas y sin filtro?

Si hace tiempo, considera por qué. Nuestra forma de relacionarnos con Dios siempre fluye de lo que creemos acerca de Él. ¿Qué crees (o no crees) acerca de la bondad de Dios que te impide traerle tu verdadero yo? ¿Crees que te ama solo si lo tienes todo bajo control? ¿Solo mientras no seas caro de mantener? ¿O crees que, en su bondad, Dios te invita a venir tal como eres? ¿Que no puedes rechazarlo con desdén o indignación?

Nuestra reticencia a ser sinceros con Dios sugiere que no confiamos en que sea suficientemente bueno para escuchar. Es una señal de que no confiamos en su bondad. No decir las cosas tal como son puede debilitar nuestra determinación de adorarle. Inconscientemente, recurriremos a otra persona o cosa buscando lo que solo Dios puede y desea dar. Cuando enmudecemos, silenciamos nuestra declaración *aun si*.

PERMISO PARA HABLAR

Decir las cosas tal como son es una práctica bíblica. Déjame darte un ejemplo. Junto con los tan importante cánticos de alabanza y acción de gracias, los salmos están llenos de quejas y oraciones que surgen de la confusión. Salmista tras salmista ofrecieron quejas, dudas y clamores crudos y terrenales. Ellos presentaron sus deseos y derramaron su corazón ante el Señor. Nos dan permiso para decir lo que está en nuestro corazón a la vez que nos proveen un modelo a seguir.

El Salmo 88 es un buen ejemplo. Escrito por los hijos de Coré, comienza con un clamor a Dios: «Mi alma está hastiada de males, y mi vida cercana al Seol» (versículo 3). Las cosas no iban bien. El salmo describe una situación de necesidad urgente y aislamiento. ¿Dónde estaba Dios? Acorralados y afligidos, los salmistas atribuyeron sus dificultades a la ira y al ataque de Dios.

En las iglesias no cantamos muchas canciones como el Salmo 88, pero allí está, junto al Salmo 23 y otros que hablan de la seguridad de la fe. La genialidad del Salmo 88 es que el medio es en realidad el mensaje. Los salmistas le expresaron a Dios sus quejas y sus verdaderos deseos como un acto de fe. En vez de reprimirlos o llevarlos a otra parte, fueron a Dios. Frente a la desilusión y la dificultad, miraron al Dios que creían que era bueno, *aun si* no experimentaban su bondad en ese momento.

Mark Buchanan lo describió bien:

[El salmista] ora de todas maneras, y lo hace así: según lo que conoce de Dios, no lo que ve de Dios. O dicho así: su oración está anclada en la revelación propia de Dios en la Escritura, no en la experiencia de Dios en la vida diaria. No ora porque puede probar y ver que el Señor es bueno. Ora a pesar de eso, contrario a la evidencia que tiene a mano. Lo que prueba es amargura, lo que ve es oscuridad[2].

Esa es una fe *aun si*: clamar a Dios aun cuando no lo vemos.

También encontramos esto en otras partes de la Escritura. En el libro de Rut, Noemí regresa a Israel después de perder a sus hijos y a su esposo. Estaba desolada, y hasta les dijo a sus nueras que volvieran a su nación y buscaran nuevos esposos. Noemí cambió su nombre a Mara (que significa «amarga»). No tenía explicación, ninguna perspectiva optimista llena de fe. Partió llena y regresó vacía. En su dolor, estaba amargada. Con su propio nombre dijo las cosas tal como eran.

Le hablamos así a un Dios que, en su bondad, nos da la dignidad de una voz, una opinión en el asunto. Podemos decir lo que habíamos esperado que sucediera. Podemos dirigirnos al Dios de toda sabiduría y comprensión, y decirle que no nos gusta cómo van las cosas.

Y en el mismo acto de expresar nuestro dolor y desencanto al Dios del universo, la confesión se convierte en profesión. Al llamar las cosas por su nombre declaramos lo que creemos, prometiendo sutilmente que *aun si* la vida es dura y dolorosa, adoraremos a Dios llevándole nuestras quejas y nuestro clamor a Él, y no a un salvador aficionado. Decimos con el apóstol Pedro: «Señor, ¿a quién iremos? Tú tienes palabras de vida eterna. Y nosotros hemos creído y conocemos que tú eres el Cristo, el Hijo del Dios viviente» (Juan 6:68–69).

Hay una categoría en la Biblia para una oración así. Se llama lamento*. El lamento es la práctica bíblica de decir las cosas tal como son, a veces como una queja, pero a menudo como un clamor. El lamento es la expresión de la dependencia desesperada cuando hemos perdido todo nuestro poder y control, y nuestra pericia nos falla. Es el coro repetido de: «¿Hasta cuándo, Señor?».

Hay más lamentos que alabanzas en el libro de los Salmos, y cuando te detienes a pensarlo, tiene sentido. La vida es difícil. Si no puedes clamar a Dios en medio de las dificultades, ¿de qué sirve la fe? El número de salmos de lamentos nos dice que Dios nos da permiso para hacerlo

---

*Hay muchos libros escritos sobre el tema del lamento. Me vienen a la mente algunos como *The Louder Song* [El cántico más alto], de Aubrey Sampson; *Rejoicing in Lament* [El gozo del lamento], de J. Todd Billings; y *Lament for a Son* [Lamento por un hijo], de Nicholas Wolterstorff.

como un acto de fe, diciendo las cosas tal como son con valor y con la confianza de que Él nos oye.

Incluso, hay un libro entero en la Biblia llamado Lamentaciones. El profeta Jeremías vio la destrucción de Jerusalén y compuso un lamento, diciendo las cosas tal como son mientras lloraba por la suerte de su hogar y el lugar donde Dios había prometido morar con su pueblo.

Mi amiga Aubrey Sampson escribió un libro acerca del significado del tercer capítulo de Lamentaciones en su libro acerca del lamento[3]. El lamento de Jeremías se intensificó como una fiebre cuando confesó: «Me ha quitado la paz; ya no recuerdo lo que es la dicha. Y digo: "La vida se me acaba, junto con mi esperanza en el SEÑOR"» (versículos 17–18, NVI®).

Al decir eso, hizo su propia declaración *aun si*. «Pero algo más me viene a la memoria, lo cual me llena de esperanza: El gran amor del SEÑOR nunca se acaba, y su compasión jamás se agota. Cada mañana se renuevan sus bondades; ¡muy grande es su fidelidad!» (versículos 21–23, NVI®). Aubrey escribe: «El *pero* de Jeremías se basa en el amor de Dios que no cambia y jamás se agota. Con su *pero*, Jeremías declara: "*Aun si* este sufrimiento nunca termina, siempre adoraré a Dios"»[4].

Jen Pollock Michel describió el lamento así: «La acción de quejarse a Dios no es principalmente desahogar nuestras emociones, ni desarrollar resistencia, ni abrirnos camino para recobrar la felicidad. El lamento no es la senda de regreso a la normalidad. Es la senda de regreso a la fe»[5].

Así que aquí tienes tu permiso para decir las cosas tal como son. Dales palabras a tus sentimientos de desaliento, confusión o ira. Puedes comenzar con tus *contra si*. Nombra tus condiciones sin cumplir y entrégalas; dales voz a las expectativas que te dominan. Confiésale a Dios tus remordimientos, esos que se amontonan en tus recuerdos como un círculo vicioso de escenarios *si solo*. Delata la naturaleza neurótica de tus planes de contingencia *qué tal si*.

Con esto no estás diciendo que lo que sientes es justo, ni siquiera justificado. Los sentimientos no se crean cuando los nombras. No se hacen más verdaderos, porque por fin hablas de ellos en voz alta. Es más, cuando los nombras y se los entregas a Dios, renuncias al poder que tienen sobre ti, porque has tomado la determinación de adorar a Dios a pesar de todo lo que sucede en tu vida y tu corazón. *Aun si*.

Ya no tienes que esconder tu frustración, tristeza o desaliento. No tienes que reinterpretar tu situación. No tienes que darles vueltas a los hechos para explicar tus decepciones y de alguna forma minimizar el dolor.

El verdadero poder de adorar a Dios cuando no todo va bien es entender que Él puede hacerse cargo de tu quebrantamiento. Con cada confesión, descubrirás que Dios te extiende su gracia y no cede ante las generalizaciones vagas, así como no perdona un pecado hipotético. Más bien, se encuentra contigo en los detalles de tu historia. Él alivia los temores reales y consuela los dolores verdaderos. Su ayuda viene en tiempo real a medida que se desarrolla tu historia verdadera. Y cuando te encuentras con la gracia de Dios al nombrar tus deseos y necesidades, sentirás la libertad de adorarle auténticamente.

Los que se arriesgan, los temerarios y otra gente que me pone nervioso

9

DE PIE EN LO ALTO de aquella escalera, no podía creer lo que veía. Nervioso, me incliné sobre la baranda, mirando hacia un abismo que parecía estar fuera de lugar. Este valle profundo parecía surgir de la nada. En el fondo se veían delineados los pozos antiguos, identificados solo por los muros de piedra que asomaban entre la hierba sobrecrecida. No podía creer que estuviera mirando los restos arcaicos de los estanques de Betesda, donde Jesús había sanado al paralítico (Juan 5:2–9).

Tampoco podía creer la altura, unos doce metros por encima del terreno donde Jesús caminó en sus días. Hasta entonces no me había dado cuenta de que durante los cuatro días que había caminado por la ciudad vieja de Jerusalén, el suelo que pisaron mis pies estaba muy por encima de la Jerusalén de los días de Jesús.

Como las capas de un pastel, la Jerusalén moderna descansa sobre capas de ruinas, todas de diferentes eras de conquistas. Los edificios fueron construidos sobre lo que había sido destruido, y cuando esos edificios se derrumbaban, el próximo conquistador edificaba sobre ellos. Mirando hacia donde habían estado los estanques, me di cuenta de la violenta historia de Jerusalén.

Es más, Jerusalén es el foco de la hostilidad que siempre ha caracterizado la tierra de Israel. Esta estrecha franja de tierra conecta África con Asia y Europa. Quien controla este corredor, controla las importantes rutas militares y de comercio. En un momento u otro de la historia, casi todos los imperios principales han luchado por ocupar alguna porción de esta tierra.

Me perturbó que, en su plan misterioso, Dios escogiera a Abraham y prometiera que sus descendientes la heredarían (Génesis 12:7). Y que por medio de ellos, Dios bendeciría a todos los pueblos de la tierra. El resto es historia; una historia llena de dificultades, pues su seguridad siempre estuvo amenazada por los filisteos, los asirios, los egipcios, los babilonios, los persas, los griegos, los romanos, y así sucesivamente hasta el día de hoy.

¿Por qué prometió Dios establecer su pueblo en la tierra más disputada en toda la historia humana? ¿Por qué no ponerlos en otro lugar más seguro? Montana, con sus cielos abiertos, es hermosa. He oído que la Riviera Francesa es bella. Corea hubiera sido un buen lugar. Una península bordeada de montañas hubiera mantenido escondido y seguro al pueblo de Dios. Hawái, el Sudeste Asiático, el Noroeste del Pacífico... se me ocurren cientos de lugares hermosos y más seguros para establecer un pueblo.

Es como si Dios no valorara la seguridad como lo hacemos nosotros. Deliberadamente puso a su pueblo en el camino de los grandes poderes mundiales con la promesa de ser su Dios en medio de todo. No importa el enemigo que venga, Dios prometió proveer para ellos y protegerlos siempre y cuando mantuvieran su pacto con Él. Pero nunca los apartó del peligro que les rodeaba.

Esto nos enseña algo acerca del carácter de Dios. No debemos confundir la seguridad con la protección. Dios nos da la segunda sin prometer la primera. Mi esposa y yo hemos palpado la diferencia en la crianza de nuestros hijos. Queremos protegerlos lo mejor posible de cualquier daño, de esas fuerzas de mala intención y maldad que pretenden destruirlos. Les enseñamos la maldad del racismo: cómo pueden experimentarlo y qué hacer cuando lo vean. Les advertimos una y otra vez acerca de la atracción siniestra del internet. Estamos pendientes de a dónde van y con quién. Esta es la realidad de vivir en un mundo caído y pecaminoso.

Pero esto es diferente a garantizar su seguridad. No solo es que no podemos hacerlo; no queremos hacerlo. Nuestro papel no es proporcionarles una burbuja que los mantenga inmunes a las dificultades y al quebrantamiento del mundo. Aunque hacemos lo posible para protegerlos de las dificultades que enfrenten, no los vamos a retirar de ellas. Más bien, queremos equiparlos con la sabiduría y el valor que necesitan para bendecir al mundo. El objetivo de la protección es eliminar el daño. El objetivo de la seguridad es eliminar el riesgo.

Dios es protector. Las Escrituras se refieren a Él como un refugio (Salmo 46:1) y una torre fuerte (Proverbios 18:10). El antiguo himno declara que Él es nuestro castillo fuerte[1]. Pero así como su bondad no significa que es dócil, su protección no significa que elimina cualquier posibilidad de problemas. Seguir a Dios es aceptar el riesgo.

Una característica de la vida *aun si*, sin importar cuán singulares sean los eventos que la formen, es que la confianza en la bondad de Dios y la determinación de adorarle producen la disposición de arriesgarse. Al igual que la declaración *aun si* nos hace libres para decir las cosas tal como son, también nos hace libres para dar pasos de obediencia aun cuando no se nos garantiza el resultado.

La gente *aun si* entiende que el éxito y la seguridad no son necesariamente indicadores de una vida bendecida. Creen que Dios ha sido y continuará siendo bueno con ellos. Puesto que han determinado adorar a Dios sin importar lo que venga, intentan grandes cosas para Dios, en obediencia, confiando en que Él los protegerá en el camino. ¿Estás preparado para alistarte?

EL RIESGO ESTÁ EN TODAS PARTES

Diferentes personas tienen distintos límites de tolerancia para el riesgo. La vida durante la pandemia me ha ayudado a ver el espectro. Tengo amigos que a la primera oportunidad quisieron reunirse. Aunque no querían ser irresponsables, estuvieron dispuestos a arriesgarse por la conexión y la comunidad. Otros quisieron esperar a la segunda fase o a la tercera. Algunos usaban la mascarilla incluso dentro de su auto. Otros fueron los primeros en reservar una mesa en su restaurante favorito.

Quizá tengas amistades que no necesitan un plan hasta que algo sucede, y aun entonces siguen la corriente y hacen los planes por el camino. El eslogan de su vida es: «Lo solucionaremos de alguna forma», y le son fieles. A primera vista, su espontaneidad y flexibilidad parecen extravagantes. Pero si eres sincero, viven en una libertad que admiras en secreto. Te retan a salir como nunca imaginaste.

A lo largo de los años me he dado cuenta de que tengo una tolerancia para el riesgo más alta que la mayoría. No necesito tener toda la información para tomar una decisión. No necesito elaborar todos los detalles de un plan. No me molesta la incertidumbre y aprecio la flexibilidad. A causa de este umbral más alto de riesgo, he tenido que aprender a liderar y cuidar a mis hermanos y hermanas cuyo umbral es más bajo. Lo digo porque no quiero parecer despreciativo si a ti te cuesta tomar riesgos. Pero sí quisiera darte aliento para que sepas cómo tu declaración *aun si* puede darte la libertad para arriesgarte.

Aunque no soy defensor de la fe ciega que declara «salta antes de mirar», la realidad es que nunca tendremos todos los detalles que necesitamos para dar el próximo paso. Y no importa con cuánta información ni con cuánta fe terminamos: nunca podremos garantizar el éxito. John Piper define el *riesgo* así: «Una acción que te expone a la posibilidad de pérdida o daño»[2]. Yo añadiría la posibilidad de fracaso o desilusión. Algunos riesgos tienen consecuencias físicas, mientras que otros pueden tener consecuencias emocionales, sociales o profesionales. Si te detienes a pensarlo, el riesgo está en todas partes.

Te arriesgas cuando mandas a tus hijos al colegio. Te arriesgas cuando entras a un automóvil. Te arriesgas cuando expresas lo que sientes, una idea que tienes o algo que estás atravesando. Hasta te arriesgas cuando compras algo por internet o pides comida en un restaurante.

Mis hijos siempre se arriesgan, y elevan sus riesgos por encima del nivel de comodidad de su madre. Para ellos no es suficiente caminar al lado de una baranda. Ellos tienen que subirse y caminar por encima de ella. Si ven un cono amarillo que indica precaución por un suelo mojado, inmediatamente se sienten obligados a ver hasta dónde pueden llegar sin resbalarse. Ese es su estilo de vida.

Soportar sus riesgos insensatos me recuerda que no todos los riesgos han sido creados iguales. Hay una diferencia entre arriesgar tu reputación profesional cuando levantas tu voz contra la injusticia y arriesgar tu reputación profesional cuando publicas necedades en tus redes sociales. Algunos riesgos son justos y otros son indebidos moralmente.

Karen Swallow Prior los distingue por el fin (*telos*) que tienen a la vista: «Arriesgarse no tiene virtud si se hace solo por inclinación, sin buscar algún bien»[3]. Un riesgo virtuoso es calculado, no espontáneo. Se trata de medir el bien que se pretende y luego decidir poner algo en peligro, exponerse a la posibilidad de fracaso o pérdida, porque el objetivo vale la pena.

Muchos héroes de la Biblia se arriesgaron por obedecer a Dios*. Un ejemplo persuasivo es la reina Ester, quien durante el período del exilio arriesgó su vida para salvar a su pueblo del plan malvado de Amán. Amán había convencido al rey de Persia de que los judíos exiliados en su reino presentaban una amenaza para la seguridad nacional, y el rey firmó un edicto para exterminarlos, sin saber que su propia reina era judía.

Cuando su primo Mardoqueo se enteró del plan, la exhortó a usar su posición para tratar de persuadir al rey de Persia a fin de revocar el decreto. Pero la costumbre persa prohibía que alguien viniera al rey sin ser invitado. Para Ester, acercarse a él era arriesgar la vida.

Ester midió el bien de salvar al pueblo, se sometió a Dios y se arriesgó. Puesto que sabemos cómo termina la historia, es fácil subestimar la verdadera posibilidad de fracaso. El rey podría haberla rechazado o algo peor. De hecho, la

---

*John Piper resume algunas de las historias del Antiguo Testamento en *Risk Is Right: Better to Lose Your Life Than to Waste It* [El riesgo es bueno: Es preferible perder la vida que desperdiciarla], Crossway, Wheaton, IL, 2013, pp. 23–26.

historia de Ester comienza cuando la primera reina, Vasti, desobedeció al rey y fue desterrada. Era muy posible un resultado similar.

Pero Ester lo arriesgó todo. No fue un movimiento imprudente, sino valiente. Hizo un plan y le dijo a Mardoqueo: «Ve y reúne a todos los judíos que se hallan en Susa, y ayunad por mí, y no comáis ni bebáis en tres días, noche y día; yo también con mis doncellas ayunaré igualmente, y entonces entraré a ver al rey, aunque no sea conforme a la ley; y si perezco, que perezca» (Ester 4:16). ¿Te diste cuenta? Sin usar las dos palabras, Ester declaró su *aun si*: «*Aun si* perezco, confiaré en el Señor y haré lo que debo hacer». Su fe arriesgada salvó a su pueblo.

¿Recuerdas los riesgos que has tomado, intencionalmente o no? Estoy seguro de que recuerdas quiénes estaban involucrados, la situación y hasta los ruidos del estómago y las dudas en el momento de decidir. Por lo menos, probablemente recuerdes cuándo alguien se arriesgó por ti.

Los riesgos que corremos (o elegimos no tomar) de alguna forma se convierten en momentos decisivos en nuestra vida. En su libro acerca de momentos decisivos, Chip y Dan Heath hablan de la importancia de arriesgarse[4]. Narran varias historias para demostrar que, sin algún tipo de riesgo, es imposible crecer. «¡Sal ahí fuera! ¡Prueba algo nuevo! ¡Dale la vuelta a la página! ¡Arriésgate! En general, este parece ser un buen consejo, sobre todo para la gente que se siente atrapada»[5].

Pero entonces advierten: «El consejo a menudo parece susurrar una promesa de éxito. ¡Arriésgate y tendrás éxito! [...] No necesariamente. Un riesgo es un riesgo. Si los riesgos siempre pagaran, no serían riesgos»[6].

En estos días de charlas motivacionales que nos gritan «¡Tú puedes cambiar al mundo!», necesitamos oír esto. Con cada riesgo debemos aceptar la posibilidad real de fracaso. Es más, presta atención a la historia y descubrirás que hay muchas más historias de riesgos que no resultaron bien que de éxitos radicales.

Demasiado a menudo descarto la posibilidad de fracaso, como si confiar en Dios garantizara el resultado. *Si Dios está en esto*, me digo a mí mismo, *por supuesto que tendrá éxito*. Sin darme cuenta me uno a la fe triunfalista que no tiene categorías para el fracaso fuera de mis propias acciones pecaminosas. Si sé que he pecado, puedo aceptar el fracaso. Pero si he intentado algo con sinceridad en el nombre de Jesús y fracasa, sin apuntar a ningún pecado que se pueda identificar, me quedo confuso y desanimado.

No necesito mucho tiempo para descubrir que el fracaso y la pérdida son partes esperadas de lo que significa vivir (y seguir a Dios) en este mundo caído. Fracasarás. Más de lo que quieras recordar.

Es incómodo, lo sé. Por eso generalmente exhortamos a la gente a arriesgarse ayudándoles a imaginar los beneficios que recibirán si triunfan. «Piensa en todas las personas a las que ayudarás». «Crecerás de manera increíble». La mayoría de estas exhortaciones se afirman sobre la necesidad de triunfar, lo cual puede ser el mayor obstáculo para arriesgarse en primer lugar.

LA PRESIÓN DE TRIUNFAR

A mi familia le encantan las películas de Pixar. Una colección de películas que han dado forma a la cultura, han producido un montón de parafernalia, han ganado un sinnúmero de premios y han redefinido nuestras expectativas sobre los filmes animados. Aún más, las historias tocan tanto a los adultos como a los niños. De lo que muchos entusiastas no se dan cuenta es de todo el trabajo que toma el desarrollo de la historia misma, incluso antes de que comience la producción.

En su libro *Creatividad, S.A.*, Ed Catmull, expresidente de Pixar y de los estudios de animación de Disney, dio una mirada entre bastidores a cómo algunas de las películas más icónicas del estudio se producen y los retos que enfrentan en el camino[7]. Uno de esos retos tuvo mucho que ver con su éxito.

Cada éxito de taquilla de Pixar aumentaba la presión para que la siguiente producción no fracasara. Nadie quería ser parte del primer fracaso de Pixar. Catmull notó que una ansiedad paralizante acompañaba su búsqueda de la perfección. Su determinación de evitar la decepción les hacía evitar el riesgo, un ingrediente necesario en el proceso creativo. La cultura del éxito hizo que la gente dejara de expresar sus ideas y perspectivas. El temor al fracaso amenazó el proceso creativo.

Así que Catmull propuso un nuevo comportamiento para su obra creativa: equivócate tan pronto como puedas. Prueba nuevas ideas, aprende del fracaso y sigue hacia adelante. En otras palabras, arriésgate. El consejo de Catmull: «Debo advertir que si tratas de trazar todos los movimientos antes de hacerlos, si pones la fe en un plan lento y deliberado con la esperanza de evitar fracasos en el futuro, bueno, te estás engañando»[8]. Ni toda la planificación del mundo puede garantizar el éxito. Ellos necesitaron aceptar el riesgo de fracasar para poder crear algo hermoso.

En lo personal, la presión de triunfar puede tener un efecto similar, sobre todo cuando la identidad se basa en los logros. La aprobación viene cuando triunfas, y la aceptación que resulta dice que importas, que eres digno. Lo que haces y cuán bien lo haces determina quién eres*.

---

*Frank Lake hizo un trabajo increíble sobre esta tendencia del corazón humano. Lo llamó «el ciclo dinámico».

Por eso a menudo buscamos aceptación en la afirmación de otros cuyo juicio consideramos importante. Padres, entrenadores, amigos, jefes, pastores, nuestro cónyuge... aquellos cuyo aplauso puede alegrarnos el día o cuya mirada de desaprobación puede vaciar nuestro sentido de valor propio.

Vivir así es absolutamente agotador porque nuestra aceptación solo dura el tiempo que otros recuerden nuestro éxito. Así que si queremos ser amados, debemos continuar triunfando. El fracaso no es una opción porque nuestra identidad está en juego.

Durante casi toda mi vida sentí la presión de triunfar y vivir a la altura de mi potencial. De joven, mucha gente sincera y bien intencionada me decía: «Dios te usará poderosamente». Me ofrecían ánimo como: «Dios te ha dado dones y serás de bendición para muchos». Casi sin conocerme, pronunciaban estas cosas basándose en el fruto temprano de mi labor o de mis habilidades.

Cada palabra de ánimo era como un ladrillo de expectativa puesto delicadamente sobre mis jóvenes hombros, un sofisticado monumento arquitectónico a mi potencial. Comencé a creer que Dios mismo tenía esas expectativas de mi vida. Di por sentado que Dios también se desilusionaría si no cumplía con mi potencial. Sin querer, negué el mismo evangelio que me capacitó para el servicio ante todo. Comencé a creer que no había sido salvado por gracia, sino por mi creciente potencial. Creí que mi vida sería evaluada según mi habilidad de vivir a la altura de todo ese bombo.

Hablando de presión. Vivía dedicado al éxito y con la paranoia del fracaso. *¿Qué tal si*, como muchos de los deportistas profesionales que fueron escogidos en la primera ronda, nunca llegaba a triunfar? *¿Qué tal si* no ganaba mi lugar en el equipo del reino de Dios? Puesto que mi identidad estaba basada en cumplir con mi potencial, hice todo lo que estaba a mi alcance para ver ese potencial realizado, incluso eliminar el riesgo. Si una situación en mi vida se acercaba en lo más mínimo al fracaso, rápidamente evaluaba si podía resolverla, y si sentía que no, me separaba del proyecto, programa o persona lo más pronto posible. Esto me llevó a una vida miserable de abandonar a las personas cuando las cosas se ponían difíciles. Era experto en administrar mi cartera para que, en la superficie, mi vida pareciera un éxito.

He visto que la necesidad de triunfar tiene resultados similares en las vidas de los que están a mi alrededor. Mi amigo James, con su aptitud para la reflexión teológica, fue una bendición para muchos a su alrededor. Sin embargo, su vida se caracterizó por el fracaso a la hora de emprender. No podía mantener un trabajo estable. No terminó sus estudios universitarios y no tenía planes de volver a ellos. «Un día...» era su lema. Nuestra relación me dejaba frustrado porque tenía mucho potencial y, al parecer, ningún deseo de crecer.

Por medio de muchas sinceras conversaciones nocturnas, me di cuenta de la raíz de su parálisis. Había crecido en un hogar donde el sarcasmo y las actitudes hipercríticas caracterizaban la vida diaria. Constantemente era comparado con sus hermanos. En casi todas las conversaciones de sobremesa le recordaban: «Nunca llegarás a nada». La denigración cínica era servida como guarnición en cada comida.

Más que nada, James quería desesperadamente probar que la profecía de su familia no se cumpliría. Trágicamente, su manera de lograrlo la hizo realidad. La necesidad de hacer algo con su vida era tan fuerte que le temía desesperadamente al fracaso. Y escogió la ruta más segura: escogió no hacer nada.

En un momento divino de sobriedad que nunca olvidaré, hizo una confesión llena de temor y remordimiento: «No he hecho nada con mi vida porque mientras nunca intente nada, nunca fracasaré». Su falta de ambición era el temor al fracaso disfrazado.

¿Es esa la vida que Dios quiere para ti? ¿Es esa siquiera la vida que tú quieres para ti? ¿Una vida que depende tanto del éxito que no te atreves a intentar nada? ¿Una vida controlada por el temor al fracaso? Eso es lo que escogemos cuando evitamos el riesgo a toda costa. La única manera realística de garantizar el éxito es no intentar nada, y esa es una tragedia mayor que cualquier fracaso que sufras.

Mientras que las consecuencias de no arriesgarte parecen beneficiosas a corto plazo, el efecto a largo plazo es debilitante. Como sucedió con James, podemos estar a salvo pero totalmente atrapados. En nuestro esfuerzo por manejar el éxito y los fracasos podemos negar el mismo llamado de Dios a nuestra vida. Si bien la idea de arriesgarnos puede darnos miedo, la idea de no hacerlo también debería asustarnos. Eso es porque Dios nos llama a algo más que vivir vidas seguras. Nos llama a dar pasos de obediencia. En ese sentido, su llamado siempre involucra algún riesgo. Nunca sabremos cuál será el resultado de esos pasos. Mark Batterson lo dijo mejor: «Deja de vivir como si el propósito de la vida fuera llegar a salvo a la muerte. Proponte metas tan grandes como Dios. Persigue la pasión que Dios te da. Corre tras un sueño destinado a fracasar sin intervención divina. ¡Atrévete a fracasar!»[9].

Después de todo, ¿no se trata de eso el *aun si*? Bien sea que triunfe o fracase, en el valle fértil o en el fuego devorador, te adoraré. Confiaré en ti y en tu bondad para conmigo, una bondad que me promete protección infalible aun en los lugares más peligrosos.

LIBRES PARA FRACASAR

La declaración *aun si* nos puede librar de la enorme presión de ser significativos o tener éxito antes de levantar siquiera un dedo o dar un paso. Recordemos la buena noticia: nuestra identidad no se basa en lo que logramos ser, sino en lo que Dios ha dicho que somos en Cristo. Somos sus amados, y Él se asegurará de que logremos el potencial que estime bueno. «El que comenzó en vosotros la buena obra, la perfeccionará hasta el día de Jesucristo» (Filipenses 1:6).

Esto significa que en vez de trabajar por un futuro asegurado por nuestros éxitos, recurrimos a Aquel que aseguró nuestro futuro final a pesar de nuestros fracasos. La libertad viene cuando declaramos, en confesión humilde y agradecida, que *aun si* nuestra vida no alcanza el potencial que otros ven, adoraremos al Dios que nos dio la vida en primer lugar. Declararemos que Dios no nos llamó de muerte a vida por la ganancia o la ventaja que podamos aportar a su reino. Nos salvó por su gran amor por nosotros.

Y cuando comenzamos a vivir esta verdad, sucede algo inesperado. En vez de ser sepultados bajo la carga de las expectativas de otros, podemos recibirlas como un recordatorio de nuestro buen Dios, cuya única expectativa es que confiemos en Él. En vez de un temor pasivo, comenzamos a intentar trabajar duro en el mundo, porque no tenemos nada que perder. En el triunfo y en el fracaso Dios nos ama.

Trabajar de todo corazón (pero no como si nuestra vida dependiera de ello) es la verdadera libertad. Ese es el camino para lograr verdaderamente algo en el mundo. Es la fórmula para las innovaciones arriesgadas y el pensamiento creativo. Como tu identidad no está en juego según el éxito o el fracaso de un plan, puedes experimentar el gozo de ver la provisión continua de Dios, aun cuando venga en medio de la dificultad.

Una vida *aun si* abraza el riesgo aceptando la posibilidad del fracaso y escogiendo actuar. No importa cómo resulta una situación, hemos determinado adorar a Dios en ella y a través de ella, no necesariamente por ella. No le tememos al fracaso porque Dios está con nosotros. Lo vemos como la oportunidad que Dios nos ofrece para experimentar su bondad. Justin Earley describió lo que puede hacer el fracaso: «El fracaso no es el enemigo de la formación, sino su liturgia. Nuestra forma de lidiar con el fracaso dice mucho acerca de quiénes creemos ser *de verdad*; quién creemos que es Dios *de verdad*. Cuando tropezamos con un fracaso, ¿caemos sobre nosotros mismos? ¿O caemos sobre la gracia?»[10].

En caso de que te estés preparando para salir y arriesgarlo todo, aceptando el fracaso al correr de cabeza hacia él, déjame recordarte que la vida *aun si* no es una excusa para un comportamiento irresponsable. La obediencia *aun si* viene de la fe en un Dios bueno que es digno de nuestra vida. No es la irresponsabilidad justificada por un «qué será» fatalista. Al contrario, los riesgos que tomas como resultado de tu declaración *aun si* son calculados.

Serán el fruto de la madurez, no de una fe necia. Philip Yancey describió esta clase de fe:

> Sin el elemento de riesgo, no hay fe. La fe se convierte en un rompecabezas intelectual, que nunca es la fe bíblica. La fe significa empezar el camino sin ver el final, y quizá ni siquiera una imagen clara del próximo paso. Significa seguir, confiar, extender una mano a un Guía invisible. La fe es la razón vestida de valor, no lo opuesto de la razón, sin duda, sino algo más que la razón y nunca satisfecha con la razón solamente. Siempre hay un paso más allá del límite de la luz[11].

Yancey nos recuerda que siempre hay una senda más allá de lo que podemos ver, un camino detrás del horizonte. Sé que puede darnos temor. Sí, posiblemente no sea el mejor momento. Nunca lo será. En teoría, bien pudiera hacerlo otro. Pero aun con todas las razones lógicas para negarte, no te quedes fuera. Todo riesgo trae consigo la posibilidad de un momento decisivo en tu historia singular, un momento que contribuirá a tu declaración personal de *aun si*.

Puesto que Dios es bueno, podemos creer que puede hacer una gran obra mediante nuestros riesgos: el carácter que quiere desarrollar en nosotros y el bien que quiere hacer en el mundo por medio de nosotros. Él es digno de nuestro mejor esfuerzo para glorificarlo, y *aun si* el resultado no es lo que esperábamos, le adoraremos.

Además, ¿cómo sería la vida si no te arriesgas? ¿Si proteges tus apuestas? ¿Si vas siempre a lo seguro? ¿Si te proteges para que no te puedan conectar con ningún fracaso? Puedes protegerte de las heridas, pero también lo harás de la ayuda. Te perderás lo que Dios podría haber hecho, y terminarás diciendo lo mismo que uno de los sujetos del libro de C. S. Lewis *Cartas del diablo a su sobrino*: «Ahora veo que he dejado pasar la mayor parte de mi vida sin hacer *ni* lo que debía *ni* lo que me apetecía»[12].

ES TU TURNO

Podría terminar este capítulo con la historia de alguien que se arriesgó y mostrarte cómo resultó para su bien y para la gloria de Dios. Pero eso sería contraproducente y un perjuicio para ti. El riesgo de otro no puede ser el motivo para el tuyo.

Además, no hay una divisa común para comparar un riesgo con otro. Lo que para mí es un riesgo podría ser parte de tu vida normal.

Hace tiempo me enseñaron que la forma de discernir una visión digna para la vida es contestar esta pregunta: «¿Qué intentarías si supieras que no puedes fracasar?». El propósito de la pregunta es señalar una gran causa o un propósito mayor que anime o despierte la pasión.

Aunque la pregunta es útil, creo que no va lo suficientemente lejos. Creo que la verdadera pregunta debe ser: «¿Qué intentarías *aun si* supieras que ibas a fracasar?». En otras palabras, ¿qué es eso tan importante, tan digno, que debes intentar aun cuando el éxito no está garantizado? Esa es la verdadera definición de la pasión: no lo que te emociona, sino aquello por lo que estás dispuesto a sufrir.

Con esto en mente, ¿qué te apasiona? ¿Te está llamando Dios a arriesgarte por algo? ¿Algo que te haga decir *aun si*?

No tiene que ser algo grandioso ni algo que se convierta en un éxito viral. Quizá sea el riesgo de levantarte después que la vida te derrumba. La opción segura sería quedarte tirado, pero sabes que Dios quiere que te levantes. Como dijo el caballo en la fábula de Charlie Mackesy: «A veces, levantarse y seguir adelante es una acción valiente y magnífica»[13].

Quizá sea el riesgo de escoger amar otra vez o abrirte a las relaciones vitales y auténticas. Todavía llevas las cicatrices de la batalla, quizá heridas abiertas, pero lo intentarás de nuevo. No hay duda de que el riesgo mayor radica en la gente.

Quizá sea el riesgo de presentarte en el nombre de Jesús y tratar de hacer algo que despliegue su bondad. Dios ha puesto en ti un descontento santo acerca de algo que tiene que cambiar. Acoger o adoptar un niño. Comenzar una nueva carrera. Luchar contra la injusticia racial. Servir a alguien. Dirigir un estudio bíblico. Invitar a tu vecino a tomar café. Buscar la reconciliación.

Todos tenemos ideas, sueños latentes de hacer algo con nuestra vida. Lo digo con seguridad porque sé que Dios lo ha puesto en ti para su gloria. Pero muchos terminamos poniendo esos sueños en el estante. Solo pensar en ellos nos da miedo. Nos sentimos inaptos. Quizá indignos. Es hora de quitarles el polvo y entrar en la libertad que Dios desea para nosotros. Nómbralos; entonces cree nuevamente que es hora de arriesgarte. Quizá no estés seguro de por dónde empezar, pero tu confianza en la bondad de Dios y tu determinación de adorarle no te permitirán poner más excusas.

A medida que Dios siga escribiendo tu historia *aun si*, recuerda que la diferencia que tu vida marque en este mundo no vendrá de tus grandes logros. Vendrá de los riesgos llenos de fe que tomes y los próximos pasos tangibles por los que creíste a Dios, aun en medio del fracaso y la pérdida.

En el último capítulo quiero darte una exhortación *aun si* final para hacer precisamente eso: dar el próximo paso.

Da un paso
(pero no solo)

10

L A PRIMERA VEZ que emprendí un viaje de varios días como mochilero, no tenía ni idea de lo que estaba haciendo ni lo que estaba por venir. Algunos amigos de la universidad y yo habíamos terminado una etapa intensa de discipulado ese año, y nuestro pastor y mentor nos invitó a celebrarlo haciendo un viaje de cinco días por los campos del monte Rainier en Washington.

Yo crecí acampando y siempre fui amante de la naturaleza, así que pensé: *¿Por qué no?* Alquilé el equipo con entusiasmo, leí acerca de lo que estaba y no estaba permitido hacer, y me fui con mis cuatro hermanos de armas para conquistar el desierto.

Fuimos aniquilados. Ninguno de nosotros estaba preparado para el rigor físico de una caminata de más de sesenta y cuatro kilómetros por pasajes montañosos. Mi mochila alquilada me hizo polvo la espalda y las caderas hasta el punto de que el dolor casi me paraliza. Nadie me dijo que tenía que ajustarla para acomodarla a mi cuerpo. En algunos tramos parecía que éramos un bufet libre para las nubes de mosquitos que nos daban la bienvenida a su territorio.

El terreno subía y bajaba como nuestras emociones. Tuvimos que abrirnos camino a machetazos a través de exuberantes campos de arándanos, así como cruzar capas de nieve donde un paso en falso podía hacer que nuestros pies se hundieran en la nieve fundente del verano. En algunos lugares íbamos brazo a brazo alabando a Dios por aquella experiencia juntos, mientras que en otros casi ni nos hablábamos.

Pero todo aquello fue un simple paseo comparado con el último día del viaje. Teníamos que subir casi nueve kilómetros hacia el último pase de montaña. Con el cuerpo fatigado y las emociones a punto de desplomarse, continuamos atravesando arbustos frondosos (por cierto, esta vez tenían espinas) antes de comenzar el último ascenso. Como un regalo de despedida siniestro de la montaña, descendió sobre nosotros una densa nube. Después de una pronunciada serie de curvas cuesta arriba, era como si alguien hubiera dicho: *¿Por qué no congelar a estos viajeros cansados en sus ropas mojadas de sudor?*

Yo no podía ver el camino delante de mí, en parte por la densa nube y en parte porque mi cuerpo temblaba tanto que mis ojos no podían enfocar. De veras pensé que moriría en la ladera de aquella montaña. No tenía la energía física ni emocional para terminar la subida.

En el punto álgido, con algunos heridos en el grupo, nos reagrupamos para terminar la caminata juntos. El plan era simple y nos animamos unos a otros: «Solo da el próximo paso. No mires hacia arriba para ver cuánto falta. Mantén los ojos en suelo y pon un pie detrás del otro».

«Da el próximo paso». Ese simple ánimo no solo me ha llevado durante muchas aventuras similares desde entonces, sino que se ha convertido en un principio de vida. Creo que es la frase de ánimo más importante que puedo darte para vivir la vida *aun si*. Dar el próximo paso pone la confianza y la determinación en acción. Es la manera en que pasamos de considerar el riesgo a tomarlo. Es como se vive la fe *aun si* en el panorama de la vida real.

Tu camino te llevará por lugares lujosos. Pero también tendrá ascensos difíciles y descensos peligrosos. Es fácil abrumarnos preguntando a dónde nos lleva, cómo resultará. Debemos reconocer que la historia mayor es intimidante. La buena noticia es que no es necesario tener toda la información para dar el próximo paso. Henri Nouwen nos amonesta: «No siempre puedes ver el camino completo que tienes por delante, pero suele haber suficiente luz para dar el próximo paso»[1]. Eso es todo lo que Dios pide de nosotros.

CORRE HACIA LA CURVA

Mi amigo Jason es uno de los mejores *coaches* de liderazgo que conozco. Una de sus maneras de exhortar a los líderes a seguir adelante es con la ilustración de correr. Para desarrollar la vida de corredor debes dar un paso (de manera literal y figurada). Cómprate un par de zapatos de correr. Póntelos durante un día o una semana. Continúa poniéndotelos aunque no corras con ellos todavía. Cuando estés listo, da el próximo paso.

¿Cuánto corres al principio? Olvídate de las visiones de correr largas distancias por ahora. Solo corre hasta la primera curva que encuentres. Corre hasta la curva y regresa. No te preocupes por lo que hay más adelante. No te preocupes por la velocidad. Solo corre hasta la curva. Al día siguiente, pasa la curva y llega hasta la próxima, y luego regresa. Repítelo. Solo necesitas correr hasta donde puedas ver.

Yo solía tener miedo de a dónde me llevaría el camino de la vida y cómo manejaría el terreno más dificultoso del viaje. *¿Qué tal si* no tengo lo que necesito? *¿Qué tal si* me doy por vencido? *¿Qué tal si* termino solo? *¿Qué tal si* fracaso? Mis planes de contingencia tomaban el timón y me paralizaban. Entonces comencé a poner condiciones bajo las cuales, si Dios cumplía con su parte, yo iría. Mi imaginación corría mucho más allá de la curva, aun antes de ponerme los zapatos.

El mitólogo estadounidense Joseph Campbell observó el problema de tener todo el camino resuelto antes de comenzar: «Si puedes ver la senda desplegada delante de ti paso a paso, no es tu senda. Tú te adueñas de tu senda con cada paso que das. Por eso es tu senda»[2]. Tú trazas tu propio camino, tu jornada de fe, con los pasos que das, no con los que están trazados delante de ti.

Mira cómo podría funcionar. Piensa en una relación rota en tu vida que sabes que debes reconciliar. La idea de revivir todo el dolor y navegar las muchas emociones y maniobras de defensa te produce náuseas. Sabes que hay mucha historia que revisar. Ni siquiera estás seguro de si resolverlo servirá para algo. ¿Vale la pena? ¿Y si haces todo el trabajo y luego surge algo distinto? Ahí es donde muchos se rinden o lo posponen.

¿Cuál es la primera curva hacia la que correr? El mero hecho de que estés pensando en la reconciliación es un gran paso. Ahora que lo has dado, ¿cuál es el próximo? ¿Te comprometerás a orar por esa persona? ¿No solo por la oportunidad de reconciliarse, sino por su bienestar? Si eso es demasiado, quizá comienza mencionando su nombre en oración. Cada paso te llevará al próximo. No tienes que calcular cuál es. Dios te lo mostrará. Puedes confiar en Él.

Y no importa lo que venga después del próximo paso, *aun si* no es lo que esperabas, *aun si* es lo que temías, estás resuelto a adorar a Dios sin importar nada más. Recordarás que, en su bondad, nunca te ha fallado. Confiarás en Él para tener el coraje y la sabiduría para dar el próximo paso, y el próximo, y el próximo. Así se corren los maratones y se escalan las montañas: dando el próximo paso una y otra vez.

También está la promesa de lo que el próximo paso puede traer. Un pequeño paso puede traer un cambio de perspectiva. Al dar un paso estás modificando tus circunstancias actuales. Esto significa que te abres a nuevas posibilidades, un poco más de claridad sobre los virajes que hasta ahora temías. El próximo paso puede ayudarte a ver o sentir lo que no habías visto o sentido antes, y eso puede ser precisamente lo que necesitas para ver un gran avance, un nuevo camino a seguir.

Por lo menos, como decidiste salir con una fe *aun si*, experimentarás la presencia de Dios sin importar lo que venga. Él te promete su presencia en el fuego. Tendrás la oportunidad de nuevas experiencias de provisión y gracia, experiencias que no hubieras tenido donde estás ahora. Eso en sí mismo hace que el próximo paso valga la pena.

Un viejo poema anónimo popularizado por Elisabeth Elliot nos llama:

Y por la puerta suenan las suaves palabras
como una inspiración sublime: «HAZ LO PRÓXIMO».

Muchas las preguntas, mucho el temor,
muchas las dudas que se amontonan.
Momento a momento, desde el cielo,
tiempo, oportunidad y dirección descienden.
No temas al mañana, hijo del Rey.
Confíaselos a Jesús, *haz lo próximo*.

Hazlo ya, hazlo en oración;
hazlo fielmente, echando tus cargas;
hazlo con reverencia, siguiendo su mano

que puso ante ti con mandato serio.
Quieto en omnipotencia, a salvo bajo sus alas,
deja el resultado, *haz lo próximo.*

Busca a Jesús, aún más sereno,
trabajando o sufriendo por tu semblante;
en su presencia, el resto de su calma,
la luz de su faz sea tu salmo,
fuerte en su fidelidad, alaba y canta.
Entonces, cuando te llame, *haz lo próximo*[3].

Cuando decidas dar el próximo paso, descubrirás que nunca estarás solo. Es más, cuando te arriesgues a vivir tu fe *aun si* con confianza y determinación, respaldado por la gratitud y el contentamiento, te unirás a las filas de héroes *aun si*, tanto de la antigüedad como de la actualidad.

BIENVENIDO A LA FAMILIA

¿Alguna vez has tenido la experiencia de hablar con alguien acerca de un tipo de auto y luego ves ese vehículo dondequiera que vas? También sucede con un tema de conversación. Después de hablar acerca de un tema en particular, de pronto parece que domina todas las ondas sonoras a tu alrededor.

Los psicólogos lo llaman el fenómeno Baader-Meinhof, o la ilusión de la frecuencia. Una vez que tu cerebro se interesa por algo, lo notas más. Lo que una vez pasó por debajo del radar, ahora aparece por todas partes, porque te ha despertado el interés. Siempre ha estado ahí. Solo que no te habías dado cuenta. Ahora que has comenzado a hacer tu declaración *aun si*, verás testigos *aun si* por todas partes en las páginas de la Escritura, aun cuando la frase no aparezca. No importa lo oscuro que parezca el camino, no estás solo.

Siempre me ha fascinado Hebreos 11, lo que muchos maestros y eruditos llaman el «Salón de la fama de la fe». Para animarnos a ser fieles a nuestra confesión de Jesús, el escritor nos da ejemplo tras ejemplo de cómo diferentes héroes vivieron por fe. Fueron «los antiguos que alcanzaron buen testimonio» (versículo 2).

La lista incluye a algunos personajes que pudiéramos esperar: Noé, Abraham, Isaac, Jacob, José y Moisés. También hay algunos que nos sorprende ver: Abel, Enoc, Sara, Rahab la ramera, incluso Gedeón, Barac, Sansón, Jefté, Samuel y los profetas. No es por quitarles mérito, pero ni Enoc ni ninguno de los jueces son generalmente considerados ejemplos de fe. Pero ahí están junto con Abraham y Moisés.

Me pregunto cómo lo lograron. ¿Qué tenía su fe que los hizo dignos de mención? En el deporte profesional, un atleta accede al Salón de la Fama según una larga lista de logros extraordinarios: campeonatos, premios al jugador más valioso, récords y hasta la extraordinaria duración de su carrera. ¿Qué criterio usa la Biblia para sus propios héroes?

Al final del capítulo 11, el escritor cataloga cómo estos héroes vivieron su fe. Algunos demostraron gran poder, fueron fuertes en la guerra y lograron grandes cosas. Otros sufrieron de manera extraordinaria. Algunos fueron asesinados. Otros estaban desamparados.

Estas personas nos inspiran por su ejemplo de fe heroico, perdurable y noble. Pero no fue eso lo que les dio un lugar en el salón. Esa no es su característica en común. El denominador lo encontramos al final del capítulo: «Y todos estos, aunque alcanzaron buen testimonio mediante la fe, no recibieron lo prometido; proveyendo Dios alguna cosa mejor para nosotros, para que no fuesen ellos perfeccionados aparte de nosotros» (versículos 39–40).

¿Te diste cuenta? No recibieron lo prometido. Fueron decepcionados. Las promesas de Dios no se cumplieron en su vida. En otras palabras, tuvieron que vivir una fe *aun si*.

Este requisito lo vimos antes en el versículo 13: «Conforme a la fe murieron todos estos sin haber recibido lo prometido, sino mirándolo de lejos, y creyéndolo, y saludándolo, y confesando que eran extranjeros y peregrinos sobre la tierra». Estos ejemplares héroes de la fe fueron incluidos en la lista no porque recibieron lo que esperaban, sino porque no lo recibieron. Solo se aferraron a ello.

La vida no resultó como la imaginaron. No recibieron la liberación. No vieron la «bendición». Todo lo que recibieron fue la promesa de una tierra «mejor, esto es, celestial» (versículo 16), y murieron antes de verla cumplida.

Pero se mantuvieron firmes. No conocían el plan como lo conocemos ahora: que la promesa de una herencia eterna sería perfeccionada por medio del sacrificio de Jesucristo por los pecados del mundo. No podían imaginar que la obediencia *aun si* de Jesús les aseguraría el futuro y cumpliría todas las promesas de Dios.

«Por tanto», continúa la explicación, «nosotros también, teniendo en derredor nuestro tan grande nube de testigos, despojémonos de todo peso y del pecado que nos asedia, y corramos con paciencia la carrera que tenemos por delante, puestos los ojos en Jesús, el autor y consumador de la fe» (12:1–2).

Aquí hay un juego de palabras en el griego original que se pierde en la traducción. El autor dijo literalmente: «ya que hemos puesto a nuestro *alrededor* una gran nube de testigos, corramos con paciencia la carrera que tenemos puesta *delante* de nosotros». El ejemplo está puesto a nuestro alrededor. Han sido puestos a nuestro alrededor los testimonios de héroes fieles que no recibieron lo prometido, pero que se aferraron a su fe soportando con paciencia. Es como si el escritor dijera: «Incontables corredores *aun si* fueron delante de nosotros y están a nuestro alrededor, así que corran la carrera que está puesta por delante».

Todos tenemos una carrera que correr, con obstáculos singulares. Cada uno de nosotros tiene cargas y pecados que nos enredan y amenazan con hacernos tropezar. Todos tenemos *solo si, si solo* y *qué tal si* que nos cargan, nos paralizan y no nos dejan correr. Como resultado, tenemos vidas exclusivas *aun si* que vivir. Pero eso no significa que estamos solos. La exclusividad no significa aislamiento.

La hermosa promesa de Hebreos 11 es que una vida llena de todo tipo de curvas inesperadas no nos descalifica de la comunidad de la fe. Las dificultades y las desilusiones no significan que nuestra fe sea inadecuada. Más bien, por la misma medida, somos contados en el «Salón de la fama de la fe», rodeados de testigos *aun si* que nos llaman a perseverar y determinar adorar a Dios.

Podemos ver ejemplo tras ejemplo de héroes *aun si* sufridos, desconcertados, desilusionados, pero esperanzados, que eligieron adorar a Dios en medio del fuego.

TESTIGOS MODERNOS

Presta atención y también verás testigos *aun si* modernos. TobyMac, el artista imperecedero y al parecer eterno, perdió a su hijo trágicamente por una sobredosis accidental. Tuve la oportunidad de servir a su lado en un campamento que patrocinó para atletas jóvenes por medio de *Fellowship of Christian Athletes* [Comunidad de atletas cristianos]. Fue entonces cuando supe que era alguien genuino: amaba al Señor y amaba a la gente.

Al día siguiente de la muerte de su hijo publicó esto: «Mi esposa y yo queremos que el mundo sepa esto. No seguimos a Dios porque tengamos algún tipo de trato oculto con Él, algo así como te seguiremos si nos bendices. Le seguimos porque le amamos. Es nuestro honor. Él es el Dios de las montañas y de los valles. Y es hermoso por encima de todo»[4]. *Aun si*.

Me he sentado con testigos *aun si* antes de saber que el cáncer sería su billete de regreso al hogar. Ellos adoraron a Dios literalmente con el último aliento de sus pulmones. Me he encontrado con testigos *aun si* que me han contado sus sueños del tamaño de Dios, pidiéndome que ore con ellos mientras que, nerviosos, daban el próximo paso de obediencia.

He caminado con testigos *aun si* que valientemente andaban en su soltería con anhelo y propósito. A la vez que nombraban su deseo de estar casados, lo mantenían con las manos abiertas, declarando que *aun si...* adorarían al Señor y le servirían.

Mi querida amiga Elizabeth, que es conocida en nuestra iglesia como «la dama del pastel» por su premiado talento para hacer pasteles de manzana, también es una guerrera *aun si*. Creció como mormona devota. Elizabeth tuvo que poner en la balanza entregarse a Jesús y ser repudiada por su familia.

«*Aun si* camino sola en este mundo, seguiré a Jesús».

Cuando conoció al hombre con quien quería casarse, sus padres se opusieron abiertamente. Ella sabía que Dios quería que honraran a sus padres y esperaran su bendición. Escogieron esperar en el Señor y rendir sus deseos a su tiempo. Esperaron seis años.

«*Aun si* hemos de permanecer solteros para siempre, adoraremos al Señor».

Querían desesperadamente tener una familia. Concebir les tomó más de lo que habían esperado. Y entonces perdieron a su primer bebé por un aborto espontáneo.

«Aun si no podemos tener hijos, adoraremos al Señor». Tuvieron un hijo y luego otro aborto espontáneo. Y luego cinco hijos más.

Entonces Elizabeth fue diagnosticada con cáncer. ¿No había ya demostrado su fe? Cada cita médica requería otro nivel de confianza a medida que el diagnóstico empeoraba. La quimioterapia destruyó su cuerpo.

«Aun si no sobrevivo, adoraré al Señor».

Se recuperó del cáncer a tiempo para cuidar de su madre, que había perdido la mente a causa del alzhéimer. Muchas veces su madre la atacó como a un extraño hostil.

«Aun si mi propia madre no me conoce, adoraré al Señor». Tuvo el privilegio de estar con ella hasta el final.

Mientras narraba los capítulos de su vida *aun si,* Elizabeth, con agradecimiento y lágrimas en los ojos, resumió: «Estas pruebas y situaciones no han debilitado mi fe, sino que han sido el fundamento y la piedra angular de fe que me han dado la confianza para caminar osadamente frente a las pruebas. Por destructoras que hayan sido, han hecho que mi confianza en Dios sea más segura».

Todos estos testigos me han animado, fortalecido y llevado a humildad, pero ninguno como la testigo que vive conmigo, mi esposa. En el momento de escribir esto, observo a mi amada esposa hacer su propia declaración *aun si* mientras llora la pérdida de su madre por el cáncer de mama.

No me gustan las bromas de suegras. Los chistes acerca de suegras entremetidas, agresivas y dominantes no son mi experiencia. Mi suegra fue una mujer excelente que me amó profundamente. Después de inmigrar desde Corea del Sur, volvió a aprender la profesión de enfermería, de la cual se jubilaría cuarenta y dos años más tarde, y cuidó sin descanso no solo de nuestra familia, sino del círculo extenso de tías y tíos.

Siempre era la última en comer; su plato casi siempre estaba tibio y consistía en las porciones que sobraban después de que todos se habían servido. Como un espía pasando sus secretos, clandestinamente les daba a nuestros hijos regalitos de dinero para que lo gastaran, cuando nadie miraba. Era experta en encontrar ofertas, pero cada vez que salía de compras regresaba con bolsas llenas de ropa... para los nietos. Nadie se merece el cáncer; especialmente ella.

Cuando el dolor y el sufrimiento aumentaron, observé a mi esposa batallar con muchos *contra si*. Oró por sanidad y experimentó frustración y desilusión a medida que el cáncer progresaba. Sobre todo durante el último mes de vida de su madre luchó con la pregunta: *¿Por qué Dios continúa dejándola sufrir?* «Si no la va a sanar, ¿por qué no se la lleva?».

Juntos aprendimos a nombrar cada queja, a decir lo que teníamos en el corazón y entregárselo al Señor. No nos aterramos, aunque a veces lloramos amargamente. No nos regañamos el uno al otro cuando expresábamos nuestra tristeza y quejas. Le dimos voz a la ira por el cáncer y la situación del mundo. El dolor se manifestó como silencio entumecedor y como suspiros guturales.

Hablamos de las posibilidades relacionadas con su muerte. *¿Qué tal si* nunca ve a sus nietos graduarse? ¿Casarse? *¿Qué tal si* fallece antes del día de Acción de Gracias? *¿Qué tal si* vive más allá del Año Nuevo? Con cada pregunta entregamos el *contra si* a Aquel que es soberano, y que hasta ahora había sido bueno. Declaramos: «*Aun si* te llevas a nuestra amada madre, confiaremos en ti y te adoraremos. Nos has bendecido con su vida todos estos años. Estamos tristes y heridos, pero agradecidos».

Después de batallar durante un año, se fue el día de Navidad. Tiene sentido que se fuera con el Señor el día que tradicionalmente celebramos su venida. Su anhelo era irse, y se preparó en lo doméstico (regalando todo lo que tenía) y en sus relaciones (teniendo las conversaciones que sabía que eran necesarias).

Aun después de su muerte, tuvimos que luchar con los remordimientos. *Si solo* hubiéramos probado otro tratamiento. *Si solo* hubiera estado con nosotros un año más. *Si solo* la hubiéramos llevado al hospital para enfermos terminales antes o después. ¿Hicimos todo lo que podíamos hacer? ¿Le hicimos justicia? Aún estamos tratando de darle resolución a todo esto, incluso cuando nuevos remordimientos surgen de la realidad que vivimos ahora con la COVID-19. Estamos seguros de que nuestro nuevo «normal» revelará nuevas condiciones y contingencias, pero más importante, nuevas oportunidades para declarar *aun si*.

El testimonio colectivo de estos testigos me recuerda que la declaración *aun si* no es una bandera que levantamos una vez. Es un tapiz que se teje con el esfuerzo de perseverar en la fe a tiempo real, a través de los altibajos del camino. Cada nuevo reto trae una oportunidad de recordar la bondad de Dios y determinar adorarle. Aunque singular para ti, tu experiencia no es extraña a la experiencia colectiva del pueblo de Dios.

No importa cómo se desenvuelva tu camino de ahora en adelante: recuerda que no estamos solos. Cuando declaramos nuestro *aun si*, tú y yo estamos de pie sobre los hombros de otros santos *aun si* que confiaron en Dios en medio de grandes desilusiones y dificultades. Estamos rodeados de una familia de testigos *aun si*, tanto antiguos como modernos, que nos recuerdan que la vida *aun si* no es de balde.

¿Tienes tú también una comunidad *aun si* cercana? Si no, ¿a quién podrías invitar para que te acompañe en el camino? No es preciso que tengan las mismas luchas. Ni siquiera que estén en la misma etapa del camino. Solo necesitan compartir la fe *aun si* que confía en la bondad de Dios. Podrías hacerles tu declaración *aun si* a otros. Y cuando des el próximo paso, puedes invitar a algunos amigos para que te apoyen. Puedes preguntarles qué pasos dan ellos. Hay formas prácticas de vivir la vida *aun si* juntos. No tienes que hacerlo solo.

PASTOREA DESDE ATRÁS

Aunque tu camino *aun si* puede ser diferente del mío, recuerda que al final todos estamos en manos del mismo Dios bueno, Aquel que nos encuentra y provee para nosotros como lo ha hecho por generaciones.

No subestimes ese punto. Dios está con nosotros. No está distante. Está cercano e involucrado. El salmo icónico nos lo recuerda:

Jehová es mi pastor, nada me faltará.
En lugares de delicados pastos me hará descansar;
junto a aguas de reposo me pastorcará. [...]Aunque ande en valle de sombra de muerte,
no temeré mal alguno,
porque tú estarás conmigo (23:1–2, 4).

No importa cuán oscuro parezca el valle, Dios está con nosotros. Por tanto, no temeremos.

Aunque resulte extraño para nuestro estilo de vida moderno, la imagen de Dios como pastor es reconfortante. Por eso se lee este salmo junto al lecho de un enfermo o en un funeral. Nos imaginamos como sus ovejas en medio de un paraje amenazador. Dios, como nuestro pastor, nos guía, nos provee y nos protege en el valle de sombra de muerte. Todos anhelamos protección, dirección y la seguridad resultante.

¿Te has detenido a considerar *cómo* Dios pastorea a su rebaño? Quizá sea la influencia de las pinturas que vi de niño, pero cuando me imaginaba a un pastor guiando a su rebaño, lo imaginaba con la vara en la mano y las ovejas siguiéndole en excelente formación. Por supuesto, el pastor tenía también un manto blanco y un cabello que parecía recién salido de un anuncio de champú. Aquella imagen idílica me transmitía la cálida sensación de un pastor cuidando a sus ovejas.

Hace algunos años, estaba viajando por los desiertos de Israel cuando me di cuenta de lo equivocada que estaba mi imaginación. Me tropecé con un inmenso rebaño de ovejas y cabras que atravesaban el desierto de Judea. El rebaño se esparcía por la ladera de la montaña como la sombra de una nube. Los animales no seguían ningún orden, más bien eran como una masa extendida. Al principio, no podía distinguir cuál era la parte delantera ni la trasera. Pero lo que más me intrigó fue que no vi al pastor. Escudriñé el rebaño por todas partes mientras pasaba lentamente. No había nadie al timón.

Entonces lo vi. No lo había visto al principio porque lo busqué en el lugar equivocado. No estaba al frente del rebaño. Estaba detrás, guiando al rebaño solo con la voz y el apoyo de algunos ayudantes y unos cuantos perros. La imagen me desconcertó, pero cuanto más lo pensaba, más sentido tenía. El pastor no suele guiar al rebaño desde el frente. ¿Cómo puede proteger al rebaño si les da la espalda? ¿Cómo puede saber cuándo viene un depredador o cuándo un miembro se retrasa? La posición más ventajosa es la parte trasera, detrás de las ovejas. Desde allí puede ver el peligro y el camino.

Esto es lo curioso: que lo más seguro para las ovejas es también lo más temerario. Las ovejas no pueden ver al pastor. Solo pueden oír su voz. Dan cada paso confiando en el cuidado y la protección del pastor que las cuida. Aunque él las ve, ellas no lo ven a él.

Aunque a las ovejas de verdad esto no les molesta, es mucho más difícil de aceptar cuando aplicamos la metáfora a nuestra relación con Dios. ¿Qué sucede cuando no podemos ver al Pastor delante de nosotros? Comenzamos a temer. Quizá nos paralizamos un poco. Cuestionamos dónde estamos y a dónde vamos. Y aun mientras proseguimos, nos sentimos inseguros y hasta torpes.

PON LAS MANOS DONDE PUEDA VERLAS

Esto lo experimenté la primera vez que mi hija montó sola en una bicicleta de dos ruedas. Fue un momento de orgullo, pero lleno de miedo. Si bien estaba maravillado de su habilidad (años por delante de cuando sus hermanos comenzaron a montar), también estaba aterrado de que se estrellara contra el pavimento. Los pies no le llegaban por completo al suelo, pues estaba en la bicicleta de su hermano mayor. Se sentía inestable girando el manubrio en el ángulo apropiado para no detenerse violentamente. Así que me pidió que corriera a su lado mientras pedaleaba, exigiendo que sujetara el manubrio mientras montaba.

Al principio obedecí de buena gana. Era algo reconfortante para mí y para su mamá que papá se asegurara de que ella estaba a salvo. Pronto comenzó a pedalear más rápido, y yo casi no podía seguir el paso. Cuando yo sujetaba el manubrio, esto hacía que ella girara hacia mí, una situación peligrosa para los dos. Terminé poniéndole la mano en la espalda para estabilizarla. Aunque le estaba dando el mismo apoyo y un mejor equilibrio, para ella no era suficiente. Se atemorizó.

—¡Papá, pon las manos en el manubrio! —gritó temerosa.

—Cariño, la mano de papá está en tu espalda. Así no girarás hacia los lados. Te tengo —le aseguré corriendo jadeante a su lado.

—No, papá, ¡pon las manos donde pueda verlas!

Eso era todo lo que le importaba. No era suficiente para ella sentir mi mano en su espalda. No era suficiente que nuestra nueva configuración le permitiera montar más suavemente. No era suficiente que yo todavía estuviera corriendo a su lado. Ella necesitaba ver mis manos. Ella quería que yo la pastoreara desde el frente.

¿Le exigimos a Dios a veces cosas así como nuestro pastor? ¿Que nos pastoree desde el frente? «Pon las manos donde pueda verlas, Dios». Queremos que su bondad sea previsible. Creemos que hay más consuelo y protección cuando entendemos lo que hace. Nos cuesta creer que está obrando cuando la sombra del valle o el calor ardiente del horno hace que no veamos sus manos.

Pero eso no significa que no esté obrando. El buen Pastor te guía y te protege. Siempre lo ha hecho, y no se detendrá ahora. Ese último desafío que enfrentas no es señal de que te ha abandonado. La próxima dificultad que encuentres no significará que te haya olvidado. Es solo que, como un buen pastor, podría estar guiándote desde atrás.

Este no solo es un principio sacado del Salmo 23. En el libro de Isaías, el profeta consoló al pueblo de Dios diciéndoles que a medida que atravesaran dificultades, incluso como resultado de su propio pecado, Dios les mostraría misericordia: «Entonces tus oídos oirán a tus espaldas palabra que diga: Este es el camino, andad por él; y no echéis a la mano derecha, ni tampoco torzáis a la mano izquierda» (30:21). Dios será fiel y nos guiará aun cuando nosotros no le somos fieles.

Eso significa que puedes conocer la voz y la presencia de Dios *aun si* no puedes ver sus manos en ese momento. Quizá no venga como nube o columna de fuego para guiarte por el desierto. Cuando Él te pastoree, no evitarás el valle necesariamente. Pero sabe que es tu pastor, y recuerda que los pastores a menudo guían desde atrás. Él te ve. Conoce tus temores. Él ve el terreno delante de ti mejor que tú.

Puede que pienses que porque no ves sus manos en el manubrio te ha dejado luchando solo en el terreno difícil por donde vas ahora. Ese no es el Dios de la Biblia, el Dios que permitió que su propio Hijo atravesara el peor de los valles imaginables: la muerte en la cruz. Y eso para poder ser llamados sus hijos, para poder ser llamados ovejas de su prado. Si Dios fue tan lejos para salvarnos, adoptarnos y darnos una nueva vida, no nos abandonará ahora.

Romanos 8:32 nos recuerda: «El que no escatimó ni a su propio Hijo, sino que lo entregó por todos nosotros, ¿cómo no nos dará también con él todas las cosas?». En «todas las cosas» se incluye la dirección. La protección. Incluso la fortaleza para seguir adelante. Como el padre que sostiene el asiento de tu bicicleta, Él tiene sus manos en tu vida. Su bondad no se ha agotado. Está contigo, cuidándote, y hasta corriendo a tu lado. ¿Cómo puedes saberlo con seguridad?

El simple hecho de que estés leyendo esto significa que estás aquí. Sé que es increíblemente obvio, pero espera un momento. Uno de los consejos más útiles que he recibido es la simple observación de que donde quiera que estés, allí estás. No importa cuán difícil sea la vida, has llegado hasta aquí. Estás aquí. Vivo. Resistiendo. No te has rendido, aun cuando quisiste hacerlo. No importa cuán oscura ni desconcertante parezca la vida, no estás donde estabas antes. *Aun si* ha sido un año que prefieres olvidar, considera que lograste atravesarlo aunque solo fuera con un hilo de fe.

¿Cómo llegaste hasta aquí? ¿Por ti mismo?

No, un buen Pastor ha caminado contigo y te ha guiado. Aun cuando no siempre pudiste verle, estás aquí por su misericordia, y no te fallará ahora. Puede que no te agrade cómo llegaste, pero Dios es muy compasivo contigo. Él desea guiarte a pastos verdes y aguas de reposo. No te abandonará en el viaje. Y al guiarte, te pedirá que confíes en Él arriesgándote. Te pedirá que des el próximo paso aun cuando no puedes ver a dónde te lleva el camino.

Te pedirá que eches a un lado las condiciones a las que te aferras, esas condiciones que expresan tu voluntad, no la suya. Te retará a entregarle tus remordimientos y vivir en la realidad de alguien que es amado aun con todas sus imperfecciones. Te pedirá que cambies tus planes de contingencia por su voluntad, una voluntad que no siempre será revelada con todos los detalles que quieres. El Pastor hace eso y más porque te ama.

No importa lo que traiga tu camino, el Pastor de tu alma será bueno contigo como fue bueno con los que fueron antes de ti y los que están a tu alrededor ahora. La cruz lo garantiza. La nube de testigos lo testifica. La declaración *aun si* de tu corazón vivirá por ello.

Y mientras Dios hace todo esto en tu vida, experimentarás las profundidades de su presencia, de conocer y amar a un Dios cuya bondad no depende de dónde estás en tu camino. Sentirás su ternura en una habitación de hospital. Sentirás su cuidado y amistad cuando estés solo. Cuando la tragedia y las desilusiones vengan, cuando los virajes súbitos de la vida te halen para todos lados, encontrarás tu camino cuando recuerdes que Dios está contigo, y declararás tu *aun si*.

Decir *aun si* es declarar que confiarás en el Pastor, quien siempre es digno de confianza. Él te da una paz fuera de toda lógica, y te da contentamiento aun cuando la situación no sea la esperada. Decir *aun si* es decir que confías en Aquel a quien no siempre puedes ver, porque sabes que no te dejará ni te abandonará. Eres suyo y, por lo tanto, tu historia será contada entre la nube de testigos *aun si*, e injertada en la historia de amor de Dios por el mundo.

A medida que corres la carrera puesta delante de ti, que Dios escriba nuevas estrofas de tu declaración *aun si* y las acumule para el día cuando se recitarán en compañía de todos los testigos *aun si* a nuestro alrededor. Ese día sabremos que nuestras luchas no fueron en vano y que nuestra fe en Dios fue más que solo un optimismo que «cruza los dedos». Cuando Él te revele lo que hizo en nosotros y por medio de nosotros en el camino, sabremos que fue un Dios bueno que nos sostuvo, mucho más bueno de lo que imaginamos al principio. Hasta entonces, con cada dificultad y cada bendición, declara su bondad *aun si*.

Oraciones
aun si para ti

DURANTE GRAN PARTE de mi vida de oración, creí que Dios prefería las oraciones singulares improvisadas. Los libros de oración y las oraciones recitadas me parecían poco auténticas, y di por sentado que desagradaban a Dios. Desde entonces he logrado apreciar las oraciones que otros han escrito, tanto por la profundidad de su sabiduría como por su simple ayuda.

Cuando no tengo palabras, he descubierto que las oraciones escritas por otros pueden ayudarme a darles voz a las cosas más profundas de mi corazón. Aumentan mi lenguaje de oración, me invitan a orar acerca de cosas que, o bien se escapan de mi mente, o parecen estar más allá de mis límites por un motivo u otro. Me recuerdan que Dios escucha la sinceridad de mi corazón, no la originalidad de mis palabras.

Quisiera ahora ofrecerte algunas oraciones... oraciones que he escrito para que puedas orar solo o hacerlas con otros. Puedes orarlas en voz alta palabra por palabra, o puedes parafrasearlas. Puedes comenzar una oración y terminar orando otra cosa totalmente distinta.

Estas oraciones son solo el punto de partida hacia una intimidad más profunda con el Dios que te escucha y te conoce. Mi esperanza es que te ayuden a darle voz a todo un nuevo volumen de oraciones *aun si*, expresadas solo por ti.

UNA ORACIÓN *AUN SI* PARA CUANDO TE SIENTAS ATRAPADO

Oh Dios que me ves,

Tú conoces mi corazón y mis deseos.
Tú conoces todas mis luchas y mis intentos.
Pensé que habría adelantado más.
Parece que no puedo escapar de este atolladero.

Padre, siento la presión de estar a la altura de otros, de ser
    mejor.
Veo lo que otros logran a mi alrededor.
Cómo se abren nuevos capítulos para ellos.
Y siento como si el mundo siguiera adelante sin mí.

Protégeme de las comparaciones, Señor.
De ver dónde están otros y lo que han recibido.
Recuérdame que no todo es lo que parece.
Asegúrame que estoy donde tengo que estar
y que tus intenciones para mí son buenas.

No me has olvidado.
No me he caído entre las ranuras de tu misericordia
    y compasión.
En esta temporada de inquietud, cuando las cosas no
    van como quisiera que fueran,
ayúdame a encontrar mi contentamiento en ti,
el Único que sabe lo que necesito mejor que yo.

Aun si mi vida se retrasa en comparación con otros a mi
    alrededor,
recuerdo que tú viniste para darme vida, y vida en abun-
    dancia.
Aun si no puedo ver el camino por delante,
Jesús, confío en que tú eres el camino, la verdad y la vida.
Esperaré en ti, Dios, porque tú nunca llegas tarde.
Amén.

UNA ORACIÓN *AUN SI* PARA CUANDO TE SIENTAS DESILUSIONADO

Padre,

Esta no es la manera en que las cosas tenían que suceder.
Creí en ti para recibir resultados diferentes.
Dentro de mí, esperaba algo diferente.
Como los sueños de los discípulos que pensaron que Jesús
   bajaría de la cruz,
pero lo vieron en una tumba,
mis sueños se desvanecieron.

En tu bondad, mira mis desilusiones como un Padre compasivo.
Ten paciencia con mi entendimiento limitado.
Si mis expectativas no eran realistas, corrígeme con gentileza.
Si no veo el cuadro completo, dame un destello de lo que no veo.

Te pido esto no como un jurado que exige satisfacción,
sino como tu hijo que confía lo suficiente en tu bondad
para sentir la desilusión cuando no haces lo que sé que
   puedes hacer.
Restringe mi imaginación de manera que sea beneficiosa.
Extiende mis presunciones de manera que me lleven a la
   esperanza.

Sé que aun en medio de esto estás obrando.
Las desilusiones pierden su fuerza a la luz de una tumba vacía
que nadie pudo anticipar.
No hay obstáculo demasiado grande para ti.

Aun si no puedo ver lo que haces,
aun si es diferente a lo que quería,
creo que tú sacas vida de la muerte
y sueños resucitados de las esperanzas rotas.

Convierte este lamento en baile.
Saca belleza de estas cenizas.
Te he visto hacerlo una y otra vez.
Esperaré en ti.
Amén.

UNA ORACIÓN *AUN SI* PARA CUANDO FRACASAS

Dios de las segundas oportunidades,

Necesito de tus nuevas misericordias hoy.
Lo intenté lo mejor posible y no logré lo que quería.
Sabes que mis intenciones fueron buenas,
aunque la expresión no dio en el blanco.

Perdóname por no haber sido más fuerte, más sabio, más piadoso.
Pero mi insuficiencia no es sorpresa para ti.
Aunque a menudo yo lo olvide,
tú recuerdas que solo soy polvo.

Acalla las voces que me condenan.
Hazme recordar que soy más que el total de mis errores,
que mi valor viene de más de lo que puedo lograr.
No dejes que mi deseo de ser aprobado defina mi respuesta
    en la repercusión.

Padre, levanta mi cabeza; quita de mí la vergüenza.
Dame el valor para mirar mi fracaso con sinceridad
y aprender lo que tú me quieres mostrar.
Por tu bondad, ayúdame a dar el próximo paso.

Gracias porque ningún fracaso es demasiado grande
para separarme de tu amor.
Puedo afrontar las consecuencias de mis errores,
porque no hay condenación para los que están en Cristo Jesús.

Aun si mis fracasos me siguen de cerca
o siempre parecen estar un paso por delante de mí,
aun si mis intentos de corregir el rumbo no son recibidos,
recordaré que hay perdón en ti,
que la victoria de Jesús vence mis fracasos.

Recordaré que no tengo una reputación que defender,
porque la única reputación que vale la pena tener es la que tú me das,
la reputación que viene por gracia, por medio de la fe,
del supremo llamado de ser tu amado.
Amén.

UNA ORACIÓN *AUN SI* ANTES DE ARRIESGARTE

Dios de gloria,

No puedo negar la pasión que has puesto en mi corazón.
Como un fuego en los huesos, me mueve la necesidad de
dar el paso.
Pero tengo miedo.
Las preguntas ¿*Qué tal si?* dominan mi corazón.
La necesidad de triunfar solo añade presión.

Confieso mi temor por lo incierto.
Estoy demasiado pegado a mi lista de habilidades.
Prefiero obrar con cautela
y mantener el *statu quo.*

Pero tú no me dejarás.
No me salvaste para darme comodidad, sino para un llamado.
Has abierto mis ojos a una nueva posibilidad de vida,
una vida marcada por el amor y la justicia.
No puedo ignorar la causa de tu reino que puede cambiar el
mundo.

No sé cómo resultará este riesgo.
Pero sé quién eres.
Sé que eres digno.
Y que tú eres quien se ha comprometido a expandir tu reino.

Sabes que el deseo de mi corazón es traerte la gloria que mereces.
Conozco tu poder y capacidad para hacerlo.
Así que te entrego mi reputación.
Te entrego mi necesidad de triunfar.

Dame el valor de hacer lo que hay que hacer.
Dame estabilidad para salir de la barca hacia las aguas turbulentas.
Protégeme, y que tu opinión de mí sea la única que importe.
Guárdame de una actitud defensiva cuando vengan las críti-
cas inevitables.

Aunque este riesgo no resulte,
aun si me trae dolor e incomodidad,
tú eres digno de todo mi esfuerzo.
Así que te dejo el resultado de mi obediencia a ti.
Porque sé que triunfe o fracase
soy tuyo, y eso nada lo puede cambiar.
Amén.

UNA ORACIÓN *AUN SI* CUANDO TU PASADO TE TORTURA

Dios de nuevos comienzos,

¿Dónde estaría hoy sin la intervención de tu gracia?
Tú abriste mis oídos para escuchar tu voz,
me llamaste de muerte a vida.
Me rescataste de mí mismo y me diste una nueva
    identidad como hijo tuyo.

Pero la carga de mi pasado y los recuerdos de mi vida
    antigua me acosan.
Me dicen lo que era y me susurran que nunca seré nada
    diferente.
Con dolor recuerdo cómo te desafié
cuando estaba decidido a ser mi propio dios.
¡Si solo pudiera deshacerme del pasado!
Si solo hubiera conocido tu tierna misericordia antes.

Aun así, recuerdo esto:
¡tu tiempo es perfecto!
Tu plan es intencional.
No hay años perdidos en tu reino.

Aunque desearía poder recuperar el tiempo perdido,
recuerdo que tu bondad para mí es más de lo que merezco.
Tú has quitado de mí mis pecados.
Como lejos está el este del oeste,
tú no los recuerdas.

Ayúdame a vivir en la novedad de cómo tú me defines:
Como tu hijo, no un enemigo.
Como tu amigo, no un rebelde.
Como tu amado, no un deudor.

Aun si no puedo deshacer mi pasado,
aun si nunca puedo pagarte,
caigo ante la misericordia de mi Salvador
y creo que lo que ha hecho por mí es suficiente.

Te adoro por tu capacidad de hacer nuevas todas las cosas,
comenzando con mi corazón y hasta el final de los días.
Amén.

Reconocimientos

MI AMADA ESPOSA Sarah: Gracias por animarme y motivarme más que nadie cuando pensé que no podía hacer esto. Me diste permiso para desaparecer y poder escribir, asumiendo más tareas de las que te correspondían para no dejar que los niños quemaran la casa o se mataran el uno al otro. ¿Quién habría pensado que cuando nos despedimos en aquel estacionamiento hace tantos años, viviríamos para escribir de eso? Tú y yo, querida. *Aun si.*

Mi tribu: Calvin, Noah, Ben, Beatrice y Owen. ¿Cómo es que la fuente de tanta locura en mi vida me ha mantenido cuerdo? Nuestra vida juntos es la lona donde Dios ha expuesto con delicadeza mis condiciones, remordimientos y planes de contingencia. Gracias por emocionarse tanto por el libro y pelearse por ver a quién menciono más. Papá los ama... pase lo que pase... siempre... para siempre... así... *aun si.*

Mi padre, Edward, y mi suegra, Kyung: Ojalá pudieran haber tenido este libro en sus manos. Sus vidas ayudaron a escribirlo.

Mi madre, Susie: Sufrir la pérdida de papá fue uno de los períodos más difíciles de nuestra vida *aun si.* Pero adorar a Dios en medio de ello y continuar haciéndolo, solo ha sumado a tu sabiduría *aun si.* Gracias por tu compromiso conmigo y mi ministerio.

Mi *bobae* [tesoro], Sylvia: Podrías haber escrito este libro con mucha más rapidez y sabiduría. Gracias por compartir mi gozo siendo un trampolín de ideas, dando color a los puntos y, a veces, hasta emocionarte más que yo con el proyecto. Tu entusiasmo y orgullo me sacaron del pozo muchas más veces de las que imaginas.

Mi familia de *Grace Community Church:* Su entusiasmo por este proyecto rebosa de una fe sincera y una dulce disposición que todo pastor debería experimentar. Su deseo de agradar a Dios me hace ser el pastor que ustedes se merecen.

Gracias también a mis hermanos de armas, los ancianos de *Grace*, por animarme, por darme margen para escribir y por ayudarme con sabiduría a discernir cómo enviar el mensaje de manera adecuada.

Mi agente, Don: Tu petición después de oír un simple mensaje acerca de Santiago fue la chispa que finalmente me llevó a decir: «Sí, Señor». Gracias por procesar mis propios temores y ser un oyente sin agenda y un lector dispuesto, motivador y campeón.

Susan: Aun no puedo creer que te arriesgaste conmigo. Te agradezco tus comentarios llenos de sabiduría, tu tratamiento amable del ego emplumado de este autor y tu constante convicción de que este mensaje podría ayudar a otros. Gracias a ti y a tu equipo.

Diane: Gracias por verificar información, compilar fuentes, explorar contenido y reseñar... ¡todo mientras mantenías mi vida y mi ministerio organizados! Tu ministerio junto a mí me recuerda que Dios nos da precisamente lo que necesitamos. Has sido un regalo para mí.

Forrest y Kara: Sus batallas a través de la pérdida y el dolor, y su compromiso de adorar a Dios en medio de todo son la prueba del poder y la belleza de la vida *aun si*. Gracias por confiarme su historia.

Ian y «los pastores»: Gracias por ayudarme a sopesar y redactar el léxico y las torpezas de este libro. Ian, no podría haber escrito el capítulo 4 sin ti. Matt, de no ser por ti, creo que me hubiera dado por vencido antes de escribir la primera palabra. Kelsey, gracias por dar ánimo a mi voz. Nuestras charlas por Zoom, las fogatas, las aventuras en Deep Creek y las conversaciones sobre la vida pastoral y el ministerio es lo que todo pastor necesita y merece.

Jimmy, John y «la sociedad del pez»: Ustedes supieron exactamente cuándo dejarme solo para escribir, cuándo incitarme a tirarme al río para aclarar mi mente y cuándo celebrar conmigo después de una fecha de entrega. Ese discernimiento solo viene después de muchas noches de risas, carcajadas y reflexión. Les agradezco el vigor renovado y la perspectiva que me dio cada uno de nuestros encuentros. Líneas concisas.

Community Fellowship Church: Nuestros ocho años juntos fueron la pizarra donde nació la fórmula *aun si*. Siempre estaré en deuda con ustedes por su forma de demostrarnos el evangelio, a mí y a mi esposa, acogiéndonos como recién casados y enviándonos como adultos.

Elizabeth, Chad, Toni, Dave y Erin, Will y Naomi, Leslie, y Betty: Sus historias ilustran la vida *aun si* y me dan fuerzas para vivir la mía.

La familia de pioneros en todo el mundo: Ustedes son mis héroes *aun si*, declarando, perseverando, determinando y sacrificándose para ver la fama de Jesús manifestándose en las iglesias entre los no alcanzados. Una cosa es declararlo. Ustedes lo viven.

Los incontables testigos *aun si* cuyas vidas han quedado impresas en este libro. Sus historias son el hilo esencial del hermoso tapiz *aun si* que Dios está tejiendo. El hecho de que vivan sus declaraciones *aun si*, sin necesidad de fanfarria, declara la bondad de Dios en muchos niveles.

Notas

BIENVENIDO AL VALLE

1. David Brooks, *La segunda montaña: La búsqueda de una vida con sentido*, Gaia Ediciones, Móstoles, Madrid, 2020, p. xvi (del original en inglés).

PRIMERA PARTE: EN ALGÚN LUGAR MÁS ALLÁ DEL MAR

1. «Breakpoint: Dunkirk, "And If Not"», *BreakPoint*, 4 de agosto de 2017, www.breakpoint.org/breakpoint-dun-kirk-and-if-not.

2. Walter Lord, *The Miracle of Dunkirk: The True Story of Operation Dynamo*, Open Road, Nueva York, 2017.

3. Martin Luther King Jr., «Yo tengo un sueño», discurso, Marcha en Washington por el trabajo y la libertad, 28 de agosto de 1963, Washington, D.C., *The Martin Luther King, Jr. Research and Education Institute*, https://kinginstitute.stanford.edu/king-papers/documents/i-have-dream-address-delivered-march-washington-jobs-and-freedom.

CAPÍTULO 1: FUERA DEL FUEGO... ¿O HACIA EL FUEGO?

1. David Brooks, *La segunda montaña: La búsqueda de una vida con sentido*, Gaia Ediciones, Móstoles, Madrid, 2020, p. 212 (del original en inglés).

2. Fleming Rutledge, *Advent: The Once and Future Coming of Jesus Christ*, Eerdmans, Grand Rapids, MI, 2018, p. 330.

3. Timothy Keller, *Caminando con Dios a través de el dolor y el sufrimiento*, Poiema Publicaciones, Medellín, Colombia, 2018, pp. 230–231 (del original en inglés).

CAPÍTULO 2: EL BIEN EN EL LADO PROFUNDO DE LA PISCINA

1. A. W. Tozer, *El conocimiento del Dios santo*, Editorial Vida, Miami, FL, 1996, p. 7.

2. C. S. Lewis, *El león, la bruja y el armario*, Destino Infantil & Juvenil, Barcelona, España, 2015, p. 99.

3. Cornelius Plantinga Jr., citando a Dale Cooper, *Reading for Preaching: The Preacher in Conversation with Storytellers, Biographers, Poets, and Journalists*, Eerdmans, Grand Rapids, MI, 2013, p. 96.

4. Estoy agradecido por la influencia de Paul David Tripp, *Asombro: Por qué es importante para todo lo que pensamos, decimos y hacemos*, Poiema Publicaciones, Medellín, Colombia, 2019, pp. 115–116 (del original en inglés).

5. Neil Postman, *Divertirse hasta morir: El discurso público en la era del «show business»*, Ediciones La Tempestad, Barcelona, España, 2012, pp. 99–100 (del original en inglés).

6. Gerard Manley Hopkins, «God's Grandeur», en *The Major Works*, Catherine Phillips, editora, Oxford University Press, Oxford, 2009, p. 128.

7. Harold Sevener, ed., *Messianic Passover Haggadah* [Hagadá de la Pascua Mesiánica], Chosen People Ministries, NewYork, 2000, pp. 21–25.

8. J. I. Packer, *Hacia el conocimiento de Dios*, Editorial Unilit, Miami, FL, 1997, p. 18.

CAPÍTULO 3: MÁS QUE UNA RESOLUCIÓN DE AÑO NUEVO

1. Kate Bowler, *Todo sucede por una razón: Y otras mentiras que he amado*, Editorial Librodiario, 2018, pp. 106–125 (del original en inglés).

2. D. Martyn Lloyd-Jones, *Depresión espiritual: Sus causas y su cura*, Libros Desafío, Grand Rapids, MI, 2004, p. 21.

3. John E. Smith, editor, *Religious Affections*, John E. Smith, editor, vol. 2, *The Works of Jonathan Edwards*, Perry Miller, editor,Yale University Press, New Haven, CT, 1959, pp. 240–253.

4. C.S. Lewis, *Cautivado por la alegría: Historia de mi conversión*, Ediciones Encuentro, Madrid, España, 1989, p. 49.

CAPÍTULO 4: LO QUIERO A MI MANERA

1. Estoy muy agradecido por el trabajo de Paul DavidTripp para ayudarme a ver esta progresión en mi corazón. Paul David Tripp, *Instruments in the Redeemer's Hands: People in Need of Change Helping People in Need of Change*, P&R, Phillipsburg, NJ, 2002, pp. 87–88.

2. C. S. Lewis, *Cristianismo... ¡y nada más!*, Editorial Caribe, Miami, FL, 1977, p. 135.

3. Eugene H. Peterson, *Five Smooth Stones for PastoralWork*, Eerdmans, Grand Rapids, MI, 1992, p. 176.

4. William Clark, *The Glorious Mess: Who We Are and How We Relate*, Lay Counselor Institute, Reston, VA, pp. 2010–2012.

5. Timothy Keller, *El significado del matrimonio*, B&H Español, (New York: Riverhead Books, Nashville, TN, 2017, p. 44 (del original en inglés).

6. Heather Davis Nelson, *Unashamed: Healing Our Brokenness and Finding Freedom from Shame*, Crossway, Wheaton, IL, 2016, pp. 89–91.

7. Philip Yancey, *Alcanzando al Dios Invisible: ¿Qué podemos esperar encontrar?*, Editorial Vida, Miami, FL, 2004, p. 69 (del original en inglés).

8. Pete Greig, *How to Pray: A Simple Guide for Normal People*, NavPress, Colorado Springs, CO, 2019, p. 57.

9. George Everett Ross, citado por Yancey en *Alcanzando al Dios invisible*, pp. 52–53 (del original en inglés).

CAPÍTULO 5: FINGE HASTA QUE LO CONSIGAS

1. *Dos vidas en un instante*, dirigida por Peter Howitt, Intermedia Films, 1998.

2. Philip Seymour Hoffman, citado en «Philip Seymour Hoffman: Broadway's New "Salesman"», NPR, 12 de abril de 2012, www.npr.org/2012/04/12/150305122/philip-seymour-hoffman-broadways-new-salesman.

3. Brené Brown, *El poder de ser vulnerable: ¿Qué te atreverías a hacer si el miedo no te paralizara?*, Ediciones Urano, Barcelona, España, 2016, p. 26 (del original en inglés).

4. John Newton, «Sublime gracia», 1779, dominio público.

5. Bryan Stevenson, *Just Mercy: A Story of Justice and Redemption*, Spiegel & Grau, Nueva York, 2014, p. 290.

6. Jon Bloom, «If Only», *Desiring God*, 27 de octubre de 2017, www.desiringgod.org/articles/if-only.

7. Charlie Mackesy, *El niño, el topo, el zorro y el caballo*, Editorial Suma, Penguin Random House, Barcelona, España, 2021, p. 12 (del original en inglés).

8. Brennan Manning, *Abba's Child: The Cry of the Heart for Intimate Belonging*, NavPress, Colorado Springs, CO, 2015, pp. 15–30.

9. Mark Buchanan, *Spiritual Rhythm: Being with Jesus Every Season of Your Soul*, Zondervan, Grand Rapids, MI, 2010, p. 53.

10. Thomas Merton, *Nuevas semillas de contemplación*, Editorial SalTerrae, Bizkaia España, 2008, p. 34 (del original en inglés).

CAPÍTULO 6: CONTROLADORES DEL MUNDO... ÚNANSE (DE MANERA CAUTELOSA Y APROPIADA)

1. Max Lucado, *Ansiosos por nada: Menos preocupación, más paz*, Grupo Nelson, Nashville, TN, 2017, p. 4.

2. Lucado, *Ansiosos por nada*, p. 27.

3. Sheldon Vanauken, *A Severe Mercy*, Harper & Row, Nueva York, 1987, p. 27.

4. Vanauken, *A Severe Mercy*, p. 35.

5. Vanauken, *A Severe Mercy*, p. 216.

CAPÍTULO 7: TODO COMIENZA AQUÍ

1. James K. A. Smith, *You Are What You Love: The Spiritual Power of Habit*, Brazos, Grand Rapids, MI, 2016, p. 11.

2. Smith, *You Are What You Love*, p. 37.

3. Fred Rogers, «Fred Rogers Acceptance Speech», Daytime Emmy Awards, Radio City Music Hall, 21 de mayo de 1997, Nueva York, YouTube, www.youtube.com/watch?v=Upm9LnuCBUM.

4. Max Lucado, *Ansiosos por nada: Menos preocupación, más paz*, Grupo Nelson, Nashville, TN, 2017, pp. 104-105.

5. Jack Deere, *Even in Our Darkness: A Story of Beauty in a Broken Life*, Zondervan, Grand Rapids, MI, 2018, p. 203.

6. Miroslav Volf, *Free of Charge: Giving and Forgiving in a Culture Stripped of Grace*, Zondervan, Grand Rapids, MI, 2005, pp. 108–110.

7. J. I. Packer, *Hacia el conocimiento de Dios*, Editorial Unilit, Miami, FL, 1997, pp. 30–31.

CAPÍTULO 8: PERMISO PARA HABLAR CON LIBERTAD

1. Brian Stone, «Fully Alive: God's Dream for Us», en *Learning Change: Congregational Transformation Fueled by Personal Renewal*, Jim Herrington y Trisha Taylor, editores, Kregel Ministry, Grand Rapids, MI, 2017, p. 21.

2. Mark Buchanan, *Spiritual Rhythm: Being with Jesus Every Season of Your Soul*, Zondervan, Grand Rapids, MI, 2010, p. 46.

3. Aubrey Sampson, *The Louder Song: Listening for Hope in the Midst of Lament*, NavPress, Colorado Springs, CO, 2019, pp. 111–114.

4. Sampson, *The Louder Song*, p. 113.

5. Jen Pollock Michel, *Surprised by Paradox: The Promise of "And" in an Either-Or World*, IVP Books, Downers Grove, IL, 2019, p. 163.

CAPÍTULO 9: LOS QUE SE ARRIESGAN, LOS TEMERARIOS Y OTRA GENTE QUE ME PONE NERVIOSO

1. Martín Lutero, «Castillo fuerte es nuestro Dios», traducción de J. B. Cabrera, 1852, dominio público.

2. John Piper, *Risk Is Right: Better to Lose Your Life Than to Waste It*, Crossway, Wheaton, IL, 2013, p. 17.

3. Karen Swallow Prior, *On Reading Well: Finding the Good Life Through Great Books*, Brazos, Grand Rapids, MI, 2018, p. 94.

4. Chip Heath y Dan Heath, *Momentos mágicos: Cómo crear experiencias que nos cambien la vida*, Ediciones Deusto, Barcelona, España, 2018, pp. 113–131 (del original en inglés).

5. Heath y Heath, *Momentos mágicos*, p. 131 (del original en inglés).

6. Heath y Heath, *Momentos mágicos*, p. 131 (del original en inglés).

7. Ed Catmull, *Creatividad, S.A.: Cómo llevar la inspiración hasta el infinito y más allá*, Random House, Nueva York, 2014, pp. 279–281.

8. Catmull, *Creatividad, S.A.*, p. 114.

9. Mark Batterson, «Manifiesto del Perseguidor de Leones», en *Persigue tu león: Si tu sueño no te asusta es porque soñaste en pequeño*, Editorial Nivel Uno, Weston, FL, 2019.

10. Justin Whitmel Earley, *The Common Rule: Habits of Purpose for an Age of Distraction*, IVP Books, Downers Grove, IL, 2019, p. 162.

11. Philip Yancey, *Alcanzando al Dios Invisible: ¿Qué podemos esperar encontrar?*, Editorial Vida, Miami, FL, 2004, p. 47 (del original en inglés).

12. C. S. Lewis, *Cartas del diablo a su sobrino*, HarperOne, Nueva York, 2006, p. 60 (del original en inglés).

13. Charlie Mackesy, *El niño, el topo, el zorro y el caballo*, Editorial Suma, Penguin Random House, Barcelona, España, 2021, p. 67 (del original en inglés).

CAPÍTULO 10: DA UN PASO (PERO NO SOLO)

1. Henri Nouwen, citado en Michael J. Christensen, «Henri Nouwen on Hearing a Deeper Beat», en Henri Nouwen, *Discernment: Reading the Signs of Daily Life*, HarperOne, Nueva York, 2013, p. 179.

2. Joseph Campbell, citado en Brené Brown, *Braving the Wilderness: The Quest for True Belonging and the Courage to Stand Alone*, Random House, Nueva York, 2017, p. 40.

3. Autor desconocido. Citado en Justin Taylor, «Do the Next Thing», *The Gospel Coalition*, 25 de octubre de 2017, www.thegospelcoalition.org/blogs/justin-taylor/do-the-next-thing.

4. TobyMac, Facebook, 24 de octubre de 2019, www.facebook.com/tobymac/posts/10156560898076179.

Acerca del Autor

Mitchel Lee es el pastor principal de *Grace Community Church,* una iglesia multiétnica en Fulton, Maryland. Hijo de inmigrantes coreanos, Mitchel ha sido llamado a construir puentes entre las generaciones y las naciones. Su camino pastoral lo ha llevado por todo el mundo, y su anhelo es ver y disfrutar de la belleza de Jesús en tantas expresiones culturales como sea posible. Si no está con sus hijos (Calvin, Noah, Benjamin, Beatrice y Owen), puede encontrársele explorando un nuevo restaurante con su esposa, Sarah, o junto a un río pescando truchas.